Vente des 26, 27 et 28 Février 1885

CATALOGUE

DE

LIVRES ANCIENS

ET D'OUVRAGES

SUR

LA GRAVURE, L'ARCHITECTURE ET L'ORNEMENT

PROVENANT DE LA

BIBLIOTHÈQUE DE M. H. D.

—◁ ▷—

PARIS

CH. PORQUET, LIBRAIRE

1, QUAI VOLTAIRE, 1

—

1885

CATALOGUE

DE

LIVRES ANCIENS

ET D'OUVRAGES

SUR

LA GRAVURE, L'ARCHITECTURE ET L'ORNEMENT

LA VENTE AURA LIEU

Le Jeudi 26 Février 1885 et les deux jours suivants

A deux heures précises

HOTEL DES COMMISSAIRES-PRISEURS

RUE DROUOT, 9, SALLE N° 3, AU PREMIER

Par le ministère de Me MAURICE DELESTRE, commissaire-priseur
rue Drouot, 27

Assisté de M. CH. PORQUET, libraire, 1, quai Voltaire

CONDITIONS DE LA VENTE

La vente se fait au comptant.

Les acquéreurs payeront 5 pour 100 en sus des enchères applicables aux frais.

Les livres devront être collationnés sur place dans les vingt-quatre heures de l'adjudication.

Passé ce délai, ou une fois sortis de la salle de vente, ils ne seront repris pour aucune cause.

M. CH. PORQUET remplira les commissions des personnes qui ne pourraient assister à la vente.

Paris. — Typ. G. Chamerot, rue des Saints-Pères, 19. — 1791.

CATALOGUE

DE

LIVRES ANCIENS

ET D'OUVRAGES

SUR

LA GRAVURE, L'ARCHITECTURE ET L'ORNEMENT

PROVENANT DE LA

BIBLIOTHÈQUE DE M. H. D.

— ⸺◦◦◦◦⸺ ·

PARIS

CH. PORQUET, LIBRAIRE

1, QUAI VOLTAIRE, 1

—

1885 .

ORDRE DES VACATIONS

PREMIÈRE VACATION.

Jeudi 26 février.

DEUXIÈME VACATION.

Vendredi 27 février.

TROISIÈME VACATION.

Samedi 28 février.

CATALOGUE

DE

LIVRES ANCIENS

ET D'OUVRAGES

SUR

LA GRAVURE, L'ARCHITECTURE ET L'ORNEMENT

PROVENANT DE LA

BIBLIOTHÈQUE DE M. H. D.

THÉOLOGIE

ÉCRITURE SAINTE

I. VERSIONS DE LA BIBLE ET DES LIVRES SÉPARÉS

1. **Pentateuchus Moysi.** Genesis, Exodus, Leviticus, Numeri, Deuteronomium, Josuë, liber Judicum, Ruth. *Lugduni, per Joannem Clein,* 1529, in-12, veau brun, fil., fers à froid. (*Rel. du XVIe siècle.*)

2. **Psalmista** monasticum noviter impressum. Cum addition hymnorum ad honorem sancti Benedicti et tabula festorum mobilium. *S. l. n. d.* (1527), in-8, caract. goth., fig. sur bois et lettres ornées, veau brun, à compartiments, coins dorés, tr. cis. et dor. (*Rel. du XVIe siècle.*)

Sur les plats le nom de RAPHAELLA DE CAMPO SAN PIERO.

H. D.   1

3. **Novum Testamentum** (græce). Ex bibliotheca regia. *Lutetiæ, ex officina, Rob. Stephani*, 1546, in-12, veau brun, compart., mosaïque de couleur, dos orné.

2. FIGURES DE LA BIBLE

4. **Figures historiques** du Vieux et du Nouveau Testament, accompagnées de quadrains en latin et en françois, qui exposent l'histoire représentée en chaque figure. *Genève, Sam. de Tournes*, 1681, pet. in-8, vél. bl.

> 358 planches gravées par le *Petit Bernard*. Les seuls documents que l'on possède sur cet artiste se trouvent dans la préface de l'ouvrage.

5. **Plusieurs** et diverses histoires tant du Vieil que du Nouveau Testament, le tout figuré et accompagné de Sommaires pour la déclaration et intelligence d'icelles. *S. l. n. d. (Paris*, 1596), in-4, obl. en feuilles.

> 48 planches dess. par *Jean Cousin*. Le texte est entouré d'un encadrement composé d'ornements d'un très beau style.

6. **Figures** des histoires de la Saincte Bible, accompagnées de briefs discours contenant la plus grande partie des histoires sacrées du Vieil et du Nouveau Testament. *Paris, chez Guillaume Le Bé*, 1653, in-fol., v. brun, milieu doré, coins, tr. dor.

> 268 figures gravées par *J. Cousin*.

7. **Histoire Sacrée en tableaux** (par M. de Brianville), avec leur explication et quelques remarques chronologiques. *A Paris, chez Charles de Sercy*, 1670, 3 vol. in-12, front. gravés, fig., veau fauve, fil., tr. dor.

8. **Histoire Sacrée en tableaux**, avec leur explication suivant le texte de l'Écriture, par M. de Brianville. *A Paris, chez Ch. de Sercy*, 1677, 3 vol. in-12, front. et fig. de Séb. Le Clerc, v. mar.

9. **Veteris Testamenti figuræ**. L'Ancien et le Nouveau

Testament. *S. l. (Paris), P. Mariette*, in-4 oblong, vél. bl.

> Recueil contenant 233 planches gravées sur cuivre par *Balth. Mont-cornet* ou *Perelle l'ancien.*

10. **Epitome** in divæ parthenices Mariæ historiam, ab
Alberto Durero norico per figuras digestum cum versibus
annexis Chelidonii, front. et 20 planches. — Passio
domini Jesu ex Hieronymo paduano, Dominico Mancino
Sedulio et Baptista Mantuano per fratrem Chelidonium collecta cum figuris Alberti Dureri norici pictoris 1511, front.
et 11 planches. — Apocalipsis cum figuris, 1511, titre et
15 planches. *Impressum Nurberg, per Albertum Durerum*,
1511. Ensemble 3 parties en 1 vol. in-fol., mar. violet, fil.,
dos orné, tr. dor.

> 19 planches gravées sur bois par *Albert Durer.*

11. **Jesu Christi** Dei Domini Salvatoris nostri infantia, et
autres sujets religieux, 2 vol. in-4, cuir de Russie, tr. dor.

> Recueil de 85 pièces très finement gravées par les frères *Antoine et Jérôme Wierix.* Superbes épreuves.

12. **Figures** de la Passion de N.-S. Jésus-Christ, présentées
à Mme de Maintenon par Séb. Le Clerc. *A Paris, chez Au-
dran, s. d.*, in-12 obl., mar. brun, fil., dent. intér., tr. dor.
(Bruyère.)

> 36 planches ; bonnes épreuves de la première édition du livre, avec l'adresse de *G. Audran.* Bel exemplaire provenant de la bibliothèque de M. Renard.

II. LITURGIE

13. **Missale Romanum** ex decreto sacro-sancti concilii Tri-
dentini restitutum. *Lutetiæ Parisiorum*, 1660, in-12, mar.
noir, fil. à la Du Seuil, milieu doré, tr. dor. (*Rel. anc.*)

14. **Heures** présentées à Madame la Dauphine, par Théodore
de Hansy. *Paris, Th. de Hansy, s. d.*, in-8, fig., vignettes,
fleurons, lettres ornées, mar. citron jans., gardes de pap.
doré, tr. (*Rel. anc.*)

> Bel exemplaire d'un livre entièrement gravé.

15. Office de la Semaine Sainte en latin et en françois, à l'usage de Rome et de Paris, avec des réflexions et méditations, prières et instructions pour la confession et communion à l'usage de la maison de Madame la Dauphine. *A Paris, chez la veuve Mazières,* 1716, in-8, fig., mar. rouge, riches dorures à compartiments, gardes de tabis, tr. dor.

 Aux armes de MARIE-JOSÉPHE DE SAXE, Dauphine.

16. L'Office de saint Charles Borromée, latin-françois, tiad. nouvelle. *A Paris, chez Charles Saugrain,* 1707, in-12, mar. rouge, tr. dor.

III. SAINTS PÈRES. — THÉOLOGIENS

17. D. Joannis Chrysostomi archiepiscopi Constantinopolitani enarrationes in divi Pauli epistolas. *Antverpiae, in aedibus Joannis Steelfii,* 1544, in-8, veau brun.

 Aux armes de FRANÇOIS II.

18. Les Soliloques et méditations de saint Augustin, traduites par le R. P. de Ceriziers. *A Paris, chez Nicolas Le Gras,* 1691, in-12, mar. noir, fil., tr. dor.

 Aux armes du cardinal MAZARIN.

19. Tractado de alabança y murmuracion en el qual se declara quando son merito; quando peccado venial, y quando mortal; compuesto per el doctor Martin de Azpilcueta Navarro. *En Valladolid, impresso por Adrian Ghemart,* 1572.—Summario manual de informacion de la christiana consciencia compuesto por el fray Bernardo de Nieva. *En Medina del Campo, impresso por Franc. del Canto,* 1556, 2 parties en 1 vol. in-4, v. brun, fil., fers à froid. (*Rel. du XVIe siècle.*)

20. Lettres spirituelles de Fénelon, édition revue et corrigée par M. Silvestre de Sacy. *Paris, J. Techener,* 1856, 3 vol. in-12, mar. ch. noir, dent. intér., tr. dor.

21. Réflexions sur la miséricorde de Dieu, par Madame la

. duchesse de La Vallière. *Paris, F. Savoye*, in-12, portr. et fig., vélin blanc, tr. dor.

22. De la présence de Dieu, qui renferme tous les principes de la vie intérieure par le R. P. de Gonnelieu. *A Paris, chez Louis Josse*, 1724, in-12, veau brun.

Aux armes du duc de LUYNES.

23. Pèlerinage du calvaire sur le mont Valérien, et les fruits qu'on doit retirer de cette dévotion, dédié à la reine, par M. de Pontbriand. *A Paris, chez Huart*, 1745, in-12, mar. vert, arabesques, dorure à petits fers, dos fleurdelisé, doub. de tabis, tr. dor.

Aux armes du roi Louis XV.

24. Contemplationes idiotae, de amore divino, de virgine Maria, de vera patientia, de continuo conflictu carnis et animae, de innocentia perdita, de morte. *Parisiis, apud Simonem Colinaeum*, 1535. — Catechismus seu christiana institutio, per F. Claudium Viexmontium. *Parisiis, apud Simonem Colinaeum*, 1537, 2 parties en 1 vol. pet. in-12, v. fauve, dos fleurdelisé. (*Rel. du XVIe siècle.*)

JURISPRUDENCE

DROIT DES GENS. — DROIT FRANÇAIS
DROIT CANON

25. Hugonis Grotii de jure belli ac pacis libri tres. *Amsterdami, apud Guil. Blaeu*, 1631, in-fol., veau fauve.

Aux armes du comte D'HOYM.

26. Le Ministre public dans les cours étrangères, ses fonctions et ses prérogatives, par le sieur J. de La Sarraz

du Franquesnay. *A Paris, chez Étienne Ganeau*, 1731,
in-12, mar. rouge, large dent., dos orné, tr. dor. (*Rel. anc.*)

Aux armes du Dauphin.

38.

27. Les Ordonnances royaux sur le faict et juridiction de
la prevosté des marchands et eschevinage de la ville de
Paris. *A Paris, chez P. Rocolet*, 1644, in-fol., mar. rouge,
dent., semis de fleurs de lis sur le dos et sur les plats,
tr. dor. (*Rel. anc.*)

Piqûres et mouillures.

90.

28. Nomocanon Photii, patriarchae Constantinopolitani,
cum commentariis Theodori Balsamonis. *Lutetiae Parisiorum, apud Abr. Pacard*, 1595, in-4, veau, large dent.,
semis d'*L* couronnés, sur le dos et sur les plats, tr. dor.

Très bel exemplaire. Armoiries sur les plats.

18

29. Collectio diversarum constitutionum et litterarum Rom.
Pont. a Gregorium VII usque ad Gregorium XIII. *Romae,
apud haeredes Bladii*, 1579, in-fol., mar. vert, fil., coins
dorés, tr. ciselée et dorée. (*Rel. du XVIe siècle.*)

SCIENCES ET ARTS

I. PHILOSOPHIE ET MORALE

1. PHILOSOPHIE

30. R. P. Marci de los Huertos ordinis praedicatorum, To-
leti, Quaestiones ad universam dialecticam auctissimae et
utilissimae. *Duaci, ex typographia Balt. Belleri*, 1622, in-8,
veau fauve, fil., dos orné de feuillages, dorure à petits fers.
(*Rel. du XVIIe siècle.*)

31. **Antonii** Mont.. atini Ferrariensis in eam partem III libri Aristotelis de anima quae est de mente humana Lectura. —*Ferrariae, ex typis H.-F. Rubei,* 1576, in-folio, veau brun.

Aux armes de J.-A. DE THOU.

32. Examen des esprits propres et naiz aux sciences, traduit d'espagnol en françoys par Gabriel Chappuis. *A Rouen, chez Théodore Reinsart,* 1602, in-12, mar. brun, compart., dorure au pointillé, mosaïque de couleur, tr. dor. (*Rel. du XVII° siècle.*)

2. MORALE

33. Collection des moralistes anciens, dédiée au Roi. *Paris, Didot,* 1782-1795, 24 vol. in-18, vél. bl. tr. dor.

Cette collection contient : Manuel d'Épictète, 1 vol. — Pensées de Confucius, 1 vol. — Pensées de divers auteurs chinois, 1 vol. — Isocrate, 1 vol. — Sénèque, 3 vol. — Cicéron, 1 vol. — Les Caractères de Théophraste, 1 vol. — Les Sentences de Théognis, 1 vol. — Entretiens de Socrate, 2 vol. — Apophthegmes des Lacédémoniens, 2 vol. — Pensées de Plutarque, 2 vol. — Vies et apophthegmes des philosophes grecs, 1 vol. — Morale de Jésus-Christ et de ses apôtres, 2 vol.
On a ajouté : Nouveau Manuel d'Épictète, 2 vol. — Morale du baron d'Holbach, 1 vol. —Morale de l'empereur Marc-Aurèle, 1 vol. —Aphorismes politiques de Harrington, 1 vol. — Maximes et Réflexions, par M. de Lévis, 1 vol.

34. Opus magnorum moralium Aristotelis, duos libros complectens, Girardo Ruffo interprete. *Parisiis, ex officina Prigentii Calvarini,* 1537, in-8, veau brun, fil., fers à froid. (*Rel. du XVI° siècle.*)

Sur les plats les médaillons de Judith et d'Holopherne.

35. La Filosofia morale derivata dall'alto fonte del grande Aristotele Stagirita. *In Torino, per Bart. Zapata,* 1671, in-12, front. gravé, mar. rouge, riche dorure à feuillages, tr. dor.

Armoiries sur les plats.

36. M. Tulli Ciceronis officiorum libri III, Dialogus de

Amicitia, Dialogus de Senectute cum commentariis Petri
Marsi et Ascencii. *Venetiis, Aldus*, 1518, in-folio, mar. noir,
fil., dent.

Aux armes du cardinal BARBERIN.

37. Selectæ Similitudines, sive collationes tum ex biblis
sacris, tum ex veterum orthodoxorum commentariis, per
Alardum. *Parisiis, apud Arn. Angelier*, 1513, in-8, veau
brun, fil., milieu doré. (*Rel. du XVIe siècle.*)

38. Les Essais de Michel seigneur de Montaigne, nouvelle
édition. *A Bruxelles, chez François Foppens*, 1659, 3 vol.
in-12, front. gravé, mar. bleu, dent., dos ornés, gardes de
tabis, tr. dor. (*Bradel-Derome.*)

Bel exemplaire provenant de la bibliothèque Renard.
Hauteur : 151 millimètres.

39. Hieronymi Osorii Lusitani, Silvensis episcopi, de
Gloria libri V. *Coloniæ, apud G. Cholinum*, 1595, in-12,
veau fauve, semis de fleurs de lis, dent., milieu doré, coins,
tr. dor. (*Rel. du XVIe siècle.*)

40. Bannissement des folles amours par le sieur d'Avity,
où sont adjoustés quatre beaux et excellents traictés, très
curieux et mémorables, enrichis d'excellentes annotations
et beaux commentaires comme il se void en la page sui-
vante. *A Lyon, par Barthélemy Vincent, s. d.* (1618), in-8,
vél. bl.

41. S. Patris nostri Theophylacti archiepiscopi Bulgariæ
Institutio regia, ad Porphyrogenitum Constantinum ; inter-
prete Petro Possino. *Parisiis, e Typographia regia*, 1651,
in-4, veau brun, fil.

Aux armes de France.

42. Il Libro del Cortegiano del conte Baldesar Castiglione,
di nuovo rincontrato con l'originale scritto di mano de
l'auttore. *In Vinegia, in casa de' figliuoli di Aldo*, 1517, in-12,
mar. brun, dent., milieu doré, coins, tr. dor. et ciselées.
(*Rel. du XVIe siècle.*)

II. SCIENCES PHYSIQUES. — HORTICULTURE
MÉDECINE

43. **La Lumière,** par le sieur de La Chambre. — Lettre à Monsieur de La Chambre sur la Lumière, par Priezac. A *Paris, chez P. Rocolet,* 1657, in-4, veau brun.

44. **De Re hortensi** (Car. Stephani) libellus, vulgaria herbarum, florum ac fructium qui in hortis conseri solent nomina, etc. — De Re vestiaria libellus. — De Vasculis libellus ex Baylio decerptus. *Trecis, apud Nic. Paris.,* 1542. Seminarium Plantarum et fructiferarum præsertim arborum quæ post hortos conseri solent. *Parisiis, ex officina Rob. Stephani,* 1540. — De Civilitate morum puerilium per Des. Erasmum libellus. *Trecis, apud Nic. Paris.,* 1542. — 5 parties en 1 vol. in-8, veau fauve, milieu doré et mosaïque de couleur, tr. dor. (*Rel. du XVIe siècle.*)

45. **Le Jardinier françois** qui enseigne à cultiver les arbres et herbes potagères avec la manière de conserver les fruicts et faire toutes sortes de confitures, conserves et massepans (par Nic. de Bonnefons). *Paris, P. Des Hayes,* 1651, in-12, front. gr. et fig., v. br.

46. **La Théorie** et la Pratique du jardinage, où l'on traite à fond des beaux jardins apellés communement les jardins de plaisance et de propreté, par L. S. A. I. D. A. (Dezallier d'Argenville). *A Paris, chez Jean Mariette,* 1713, in-4, fig., veau fauve, dos orné, tr. dor.

47. **Détail** des nouveaux jardins à la mode. *Paris, Le Rouge,* 1783, in-4, demi-rel. bas.

Trente-cinq planches gravées, plan et façade des maisons de M. de La Bossière, du duc de Biron, parcs de Berny, de Choisy, Chantilly, Richemond, Chiswick, Monceau, etc.

48. **Advis** pour le jardin royal des plantes médicinales que le roy veut establir à Paris, par Guy de La Brosse. *A Paris, de l'imprimerie de Jacques Dugast,* 1631, in-4, cart.

Piqûre de vers.

49. Description du jardin royal des plantes médicinales, establly par le roy Louis le Juste, à Paris, par Guy de La Brosse. A Paris, 1636, in-4, fig., vél. bl.

50. Claudii Galeni Pergameni de compositione pharmaco-porum localium libri decem, Iano Cornario medico, inter-prete. *Lugduni, apud Gul. Rouillium,* 1549, in-12, veau brun. (*Rel. du XVIᵉ siècle.*)

Sur les plats l'aigle à deux têtes, surmonté de la couronne royale.

51. Prosperi Alpini Marosticensis de balsamo Dialogus. *Venetiis,* 1591. — De Conceptu et generatione hominis, de matrice et ejus partibus, nec non de conditione infantis in utero et gravidarum cura et officio, per Jacobum Rueffum. *Francofurti ad Mœnum,* 1580, in-4, fig. sur bois, gr. par Jost Amman, vél. blanc.

52. De Puerorum morbis Tractatus locupletissimi, varia doctrina referti, nec solum medicis, verum etiam philoso-phis magnopere utiles. — De Venenis et morbis venenosis Tractatus ex voce excellentissimi Hieronymi Mercurialis. *Francofurti, apud Andreæ Wecheli,* 1584, 2 parties en 1 vol. in-8, veau brun, milieu doré, dos fleurdelisé.

Sur les plats le chiffre de Louis de Valois, comte d'Auvergne.

53. Mémoires sur les hôpitaux de Paris, par M. Tenon, pro-fesseur de pathologie, avec figures. *A Paris, de l'imprimerie de Ph. Pierres,* 1788, in-4, demi-rel., v. brun, tr. jasp.

54. Étude sur les hôpitaux considérés sous le rapport de leur construction, de la distribution de leurs bâtiments, de l'hygiène et du service des malades, par Arm. Husson. *Paris, P. Dupont,* 1862, in-4, 15 pl. demi-rel. mar. rouge, non rogné.

III. SCIENCES MATHÉMATIQUES

I. ASTRONOMIE. — GÉOMÉTRIE

55. Sphæra Joannis de Sacrobosco typis auctior, quam ante-hac atque ex diligenti manu scriptorum impressorumque

codicum collatione castigatior præmissa Philippi Melanch-
thonis. *Parisiis, apud J.-L. Tiletanum*, 1515, in-8, veau
fauve, coins dorés, dos orné. (*Rel. du XVIe siècle.*)

Le bas du titre coupé.

56. **Physiognomoniæ** cœlestis Libri sex, auctore Joan.-
Baptista Porta. *Argentorati, impensis Lazari Zetzneri*, 1606,
in-8, vélin.

57. **Elucidatio** fabricæ ususque astrolabii, a Joanne Stoffe-
rino Justingensi viro germano atque totius spherice nuper
ingeniose concinnata atque in lucem edita. *Impressum Op-
penheym*, 1513, in-fol., fig., veau brun, fil. et fers à froid.
(*Rel. du XVIe siècle.*)

58. **Mémoires** sur l'observation des longitudes en mer, publié par ordre du Roi (par de Charnière). *A Paris, de l'Imprimerie royale*, 1767, in-8, mar. rouge, fil., tr. dor.

Aux armes du roi Louis XV.

59. **Cours** de mathématiques à l'usage de l'ingénieur civil,
par J. Adhémar. Géométrie descriptive. *Paris, Bachelier*,
1840, in-fol., 80 pl. cart.

60. **Livre** de perspective de Jehan Cousin, Senonois, maistre
painctre à Paris. *A Paris, de l'imprimerie de Jehan Le Royer*,
1560, in-fol., fig., vél. bl.

Bel exemplaire contenant les planches, intitulées : *les Retombées*,
qui manquent souvent.

61. **Livre** de perspective de Jehan Cousin, Senonois, maistre
painctre à Paris. *A Paris, Jehan Le Royer*, 1560, in-fol., fig.,
cart.

62. **Livre** de perspective de Jehan Cousin, Senonois, maistre
painctre à Paris. *A Paris, de l'imprimerie de Jehan Le Royer*,
1560, in-fol., fig., v. br. dérelié.

63. **Manière** universelle de M. Desargues, pour pratiquer la
perspective par petit pied, comme le géométral, par A.
Bosse. *A Paris, de l'imprimerie de P. Des Hayes*, 1648, in-8,
fig., cart.

64. Traité de perspective à l'usage des artistes, par J. Adhémar. *Paris, Bachelier,* 1837, in-fol., 62 pl., cart.

65. Déclaration de l'usage du graphomètre, par la pratique
duquel l'on peut mesurer toutes les distances des choses de
remarque qui se pourront voir et discerner du lieu où il
sera posé, et pour arpenter terres, bois, prez et faire plans
de villes et forteresses, cartes géographiques, etc. Inventé
nouvellement et mis en lumière par Philippe Danfrie. *A
Paris, chez ledict Danfrie,* 1597, in-8, fig., demi-rel., bas.

Ouvrage imprimé en caractères cursifs et orné de 18 jolies vignettes
tirées dans le texte.

2. SCIENCE MILITAIRE

66. Exercice de l'infanterie françoise, dédié à monseigneur
le maréchal duc de Biron, copié d'après l'original in-folio,
exécuté et présenté au roy, par M. de Baudouin. *S. l. (Paris),*
1759, in-8, 61 planches cart.

67. Marine militaire, ou Recueil des différens vaisseaux
qui servent à la guerre, par Ozanne l'aîné. *A Paris, chez
l'auteur, s. d.* (1761), in-8, fig., cart.

50 planches, ouvrage entièrement gravé.

IV. SCIENCES OCCULTES

68. Compendium naturalis philosophiæ libri duodecim per
fratrem Franc. Titelmannum. *Parisiis, ex officina Nicolai
Buffet,* 1542, in-8, veau brun.

Aux armes de FRANÇOIS II.

69. Philosophia magnetica in qua magnetis natura penitus
explicatur, auctore Nic. Cabeo Ferrariensi. *Prostant Coloniæ
apud Joannem Kinckium,* 1629, in-folio, veau marb.

Aux armes de SÉGUIER.

V. BEAUX-ARTS

I. INTRODUCTION. — GÉNÉRALITÉS

70. **Annales** du Musée et de l'École des Beaux-Arts; Recueil de gravures au trait, d'après les principaux ouvrages de peinture, sculpture, etc., rédigé par C.-P. Landon. *Paris, Landon,* 1800-1828, 40 vol. in-8, cart., non rog.

> Cette collection, renfermant environ 1000 planches gravées au trait, comprend :
> Annales du Musée, 17 vol. — Paysages et tableaux de genre, 1 vol.
> — Partie ancienne et Galerie Giustiniani, 5 vol. — Salons de 1808, 1810, 1812, 1814, 1817, 1819, 1822, 1824 et 1827, 11 vol. in-8.

71. **Annales** du Musée et de l'École des Beaux-Arts, rédigées par Landon. Salons de 1810, 1814, 1817 et 1819, 2 vol. *Paris, l'auteur,* 1810-1820. Ensemble 5 vol. in-8, nombreuses figures, cart., non rognés.

72. **L'Art**, revue hebdomadaire illustrée, de l'origine 1875 à 1882. *Paris, A. Ballue,* 1875-1882, 30 vol. in-fol., fig., brochés.

73. **L'Art**, revue hebdomadaire illustrée. *Paris, A. Ballue,* 1875, 60 livraisons in-fol., pl., br.

> Première année 1875, 3 vol. in-fol. et les 8 premiers numéros de la seconde année 1876.

74. **Cahiers** d'instructions sur l'architecture, la sculpture, les meubles, les armes, les ustensiles et la musique de l'antiquité et du moyen âge; publiés par le comité historique des arts et monuments. *Paris, Baudry,* 1846, gr. in-8, fig., cart., non rogné.

75. **Observations** historiques et critiques sur les erreurs des peintres, sculpteurs et dessinateurs dans la représentation des sujets tirés de l'histoire sainte (par G. Molé). *Paris, Debure,* 1771, 2 vol. in-12, demi-rel. bas.

2. PEINTURE

76. **Œuvres diverses** de M. de Piles, de l'Académie royale de peinture. *Paris, Ch. Jombert*, 1767, 5 vol. in-12, v. marb.!

77. **L'Art** du dix-huitième siècle, par Ed. et J. de Goncourt, troisième édition, revue et augmentée illustrée de planches hors texte. *Paris, Quantin*, 1880-83, 14 fascicules in-4, brochés.

> Bel exemplaire tiré sur papier Wathman avec les planches en double état.

78. **Catalogue** raisonné de l'œuvre peint, dessiné et gravé d'Antoine Watteau, par Ed. de Goncourt. *Paris, Rapilly*, 1875, in-8, broché.

> Exemplaire tiré sur papier de Chine.

79. **Catalogue** raisonné de l'œuvre peint, dessiné et gravé de P.-P. Prud'hon par Ed. de Goncourt. *Paris, Rapilly*, 1876, in-8, broché.

> Exemplaire tiré sur papier de Chine.

80. **Recueil d'estampes** d'après les tableaux des peintres les plus célèbres d'Italie, des Pays-Bas et de France, qui sont à Aix, dans le cabinet de M. Boyer d'Aguilles, gravées par Jacques Coelmans, d'Anvers. *A Paris, chez Pierre-Jean Mariette*, 1744, 2 parties en 1 vol. gr. in-fol. fig., v. marb.

> Bel exemplaire, premières épreuves avant les numéros.

81. **Peintures** de la Chapelle Sixtine, gr. par Ghisi, d'après Michel-Ange Buonarotti. Titre, portrait et 89 planches, in-4, mar. rou.

82. **Explication** des tableaux de la galerie de Versailles et de ses deux sallons. *Versailles, F. Muguet*, 1687, in-4, mar. rouge, tr. dor.

> Exemplaire en grand papier aux armes du roi, contenant 13 vignettes et culs-de-lampe gravés par *Séb. Leclerc.*

83. **Explication** des tableaux de la galerie de Versailles et

de ses deux sallons (par Séb. Le Clerc). A *Versailles, de l'imprimerie de Fr. Muguet*, 1687, in-4, demi-rel. veau brun.

84. **Recueil** de 26 planches tirées du cabinet de Mme d'Azaincourt, par F. Boucher, gr. par Demarteau, in-4, cart.

85. **Galerie** impériale royale du Belvédère à Vienne, d'après les dessins de M. Sigismond Perger, gravée par différents artistes, avec un texte explicatif par Charles Haas. *Vienne, Ch. Haas*, 1821, 4 vol. in-4, fig., demi-rel. mar. rouge, tête dor.

210 planches.

3. GRAVURE

A. *Recueils de gravures.*

86. **Hogenberg.** Recueil de planches sur les guerres de Flandre et des Pays-Bas, de 1566 à 1570, in-4, veau marb., fil., tr. rouges.

97 planches très finement gravées sur cuivre.

87. **Der erste Tail...** Histoires diverses touchant les guerres, massacres et troubles advenus en France en ces dernières années. In-fol., rel.

Bel exemplaire du recueil composé de 39 planches gravées en 1570 par *Jean Tortorel* et *Jacques Perissin*, avec la légende en allemand.

88. **Album Amicorum.** 1592-1596, in-12, veau brun.

Très curieux volume composé de 82 feuillets. Les 18 premiers représentent les armoiries coloriées du propriétaire, celles de sa famille et de ses amis; de chaque côté de l'écusson, des figures soit d'hommes, soit de femmes, sont revêtues des costumes de l'époque.
La seconde partie comprend un choix très finement colorié des emblèmes de *Théod. de Bry.*
La troisième partie contient 13 écussons surmontés de cimiers et entourés d'ornements variés très délicatement gravés par *Théod. de Bry.*

89. **Amorum Emblemata** figuris aeneis incisa studio Othonis Væni. *Antuerpiæ, Venalia apud Auctorem*, 1608, in-8 obl., veau brun.

124 figures.

90. Van de Velde. Paysages. Recueil de 80 planches publiées par de Wischer. 1616, in-4 obl., vél. bl.

91. Divers Paisages faits sur le naturel, gr. par Israel Silvestre. *Paris*, 1650-1658, in-4 oblong, mar. rouge jans., dent. intér., tr. dor. (*Petit.*)

>   Recueil de 130 planches représentant les vues des principaux châteaux de France.
>   Belles épreuves. Quelques planches remontées.

92. Silvestre (Israel). Vues de Rome, de Vienne, de Venise, de Gaete, et de différents ports de mer d'Italie et autres lieux. In-8, obl., v. fau.

>   Recueil de 68 pièces gravées par *Israel Silvestre* et publiées par *Mariette*. Quelques-unes sont avant le nom de *Mariette*.

93. Vues de France, de Paris et d'Italie. *Paris*, s. d., in-4 oblong, mar. rouge jans., dent. intér., tr. dor. (*Petit.*)

>   Recueil de 135 planches gr. par *Israel Silvestre*, mises en lumière par *Is. Henriet*.

94. Recueil de paysages, dess. et gr. par Perelle, publié par N. Poilly. In-4 obl., v. br.

>   150 planches.

95. Recueil de 20 planches, 52 sujets dessinés et gravés à l'eau-forte, par Karel-Dujardin, 1652, in-fol., demi-rel. mar. bleu.

96. Œuvre de Jean Daullé, graveur du roi. *Se vend à Paris, chez la veuve Daullé*, s. d., gr. in-fol., cart.

>   41 pièces.

97. Recueil de gravures, par Stoop et Ant. Waterloo. 22 pièces en feuilles.

B. Portraits.

98. Livre de portraiture d'Annibal Carrache. *Paris, de Poilly*, s. d., in-4 obl., 30 pl., vél. bl.

>   Manque la pl. 15.

99. **Livre** de pourtraicture de maistre Jean Cousin. A *Paris,
chez Guill. Le Bé,* in-4 obl., v. br.

> Manque la pl. 33.

100. **Les Augustes Représentations** de tous les roys de
France, depuis Pharamond jusqu'à Louys XIIII (par de
Larmessin). *A Paris, chez la veuve P. Bertrand,* in-4, vélin
blanc.

> 200 portraits de rois, reines, princes, princesses et autres person-
> nages célèbres.

101. **Les Augustes Représentations** de tous les roys de
France, depuis Pharamond jusqu'à Louys XIIII, dit le
Grand, a present regnant, par de Larmessin. *A Paris, chez
P. Bertrand,* 1679, in-4, port., mar. rouge, fil. (*Rel. anc.*)

> Recueil de 110 portraits de rois, reines et personnages célèbres.

102. **Recueil** de 160 portraits des rois et reines de France,
depuis Pharamond jusqu'à Louis XIV, in-18, mar. rouge,
semis de fleurs de lis et de dauphins. (*Rel. anc.*)

103. **Illustrium Jureconsultorum** imagines quæ inveniri
potuerunt ad vivam effigiem expressæ. *Romæ, Ant. Lafre-
rii Sequani formis,* 1566, in-fol., mar. violet, fil., dos orné,
tr. dor.

> Frontispice et 37 planches gr. par Bonasone et autres maîtres.

104. **Icones** quinquaginta virorum illustrium doctrina et
eruditione præstantium ad vivum efficta cum eorum vitis
descriptis a Ian. Iac. Boissardo, omnia in æs incisa artifi-
ciose, per Theod. de Bry. *Francofurti, Theodorum de Bry,*
1597, 4 tomes en 2 vol. in-4, port., demi-rel. v. fau., tr.
marb.

> Première édition.

105. **Recueil** de 50 portraits de personnages célèbres gravés
par Th. de Leu, in-4 en feuilles.

106. **Recueil** de 110 portraits de personnages célèbres, gravés par Daret, in-4 en feuilles.

107. **Recueil** de 80 portraits de personnages célèbres, gra-

H. D.   2

vés par Thomas, Edelinck, Desrochers, Flipart, Bonneville, Petit, etc., in-4 en feuilles.

108. Recueil de portraits gravés par Montcornet. *A Paris, chez Ball. Montcornet, 1660,* 2 vol. in-4, vél. bl.

Très curieux recueil contenant 430 portraits de personnages célèbres du xviie siècle.

109. Recueil de 160 portraits de personnages célèbres, gravés par Montcornet, in-4 en feuilles.

110. Recueil de 115 portraits de personnages célèbres, gravés par Saint-Aubin, Flipart, Ingouf, Tardieu, Vangelisty, Marais, Miger, etc.

111. Recueil de 265 portraits de personnages célèbres, gravés par Desrochers, Bonneville, Bertaux, etc. *Paris, Daumont,* 2 vol. in-4, demi-rel. bas.

112. Recueil de portraits des personnes qui se sont distinguées tant dans les armes que dans les belles-lettres et les arts, comme aussi la famille royale de France, gravez par E. Desrochers. *A Paris, chez Petit, s. d.,* 2 vol. in-4, veau marb., fil.

Recueil contenant 569 portraits de personnages célèbres.

113. Recueil de portraits des personnes qui se sont distinguées tant dans les armes que dans les belles-lettres et les arts, comme aussi la famille royale de France, etc., gravez par E. Desrochers. *A Paris, chez Petit, s. d.,* in-4, veau brun.

Recueil contenant 197 portraits, aux armes de la famille Valbelle.

114. Recueil de 180 portraits de personnages célèbres du xviie siècle, gravés par de Larmessin, in-4 en feuilles.

115. Recueil de 67 portraits de personnages célèbres du xviie siècle, gravés par de Larmessin, in-4, mar. vert, semis de fleurs de lis couronnées, tr. dor.

116. Collection de 25 portraits des personnages les plus célèbres du siècle de Louis XIV, avec une notice sur chacun, dessinés par Devéria. *Paris, Lemarchand,* 1829, in-8, demi-rel. veau brun, tr. marb.

C. Costumes.

117. Artliche unnd Kunstreiche Figurn zu der Reutteren samptirem musterhafftem Geschmuck. Dergleichen nie aufzgangen. *Gedruckt zu Franckfürt-am-Mayn, bey Sigmund Feyrabend*, 1581, in-4 oblong, cart.

63 planches, costumes de chevaliers et de grands seigneurs.

118. Cent cinq Costumes des départements de la Seine-Inférieure, du Calvados, de la Manche et de l'Orne, dessinés par Pecheux. *Caen, Mancel, s. d.*, in-4, fig. en couleurs, demi-rel. mar. brun, dos et coins, tr. dor.

119. Costumes et Annales des grands théâtres de Paris, accompagnés de notices intéressantes et curieuses (par Levacher de Charnois). *Paris*, 1786-1789, 7 vol. in-8, demi-rel. bas.

Portrait de Levacher de Charnois et 179 planches de costumes et portraits.
Collection rare, difficile à trouver aussi complète.

120. Costumes et Annales des grands théâtres de Paris, accompagnés de notices intéressantes et curieuses (par Levacher de Charnois). *Paris*, 1786-1788, 10 tomes en 8 vol. in-4, reliés.

175 planches de costumes coloriés et de portraits (quelques-unes en double).

D. Caricatures.

121. Gavarni. Les Étudians de Paris. *Paris, Aubert, s. d.*, in-4, demi-rel.

Recueil de 60 planches, premières épreuves.

4. CALLIGRAPHIE

122. Arte subtilissima por la qual se enseña a escrivir perfectamente, hecho y experimentado, y agora; de nuevo añadido, por Juan de Yciar. *Imprimio se en Çaragoça, en casa de Pedro Bernuz*, 1550, pet. in-4, llg., veau racine.

Traité très rare sur la calligraphie. Le volume se compose de 71 feuillets au lieu de 86 qu'il faudrait. Le texte est entouré de bordures gravées par J. de Yciar et J. Vingles. Le titre manque.

123. Exercitatio alphabetica nova et utilissima, variis expressa linguis et characteribus raris ornamentis..., nunquam antea edita Clementis Perreti Bruxellani nondum 18 annum egressi industria. *Antuerpiæ, Plantin*, 1569, in-fol. cart.

Titre et 34 planches d'exemples d'écriture et d'ornements gravés sur cuivre par Corn. de Hooghe.

124. Arte de escrevir de Francisco Lucas, dividida en quatro partes. *En Madrid, en casa de Francisco Sanchez*, 1580, in-4, veau marb.

17 planches, dont 14 entourées de bordures variées.

125. La Technographie, ou Briefve Méthode pour parvenir à la parfaitte connoissance de l'écriture françoyse de l'invencion de Guillaume Le Gangneur, Angevin. — La Rizographie, ou les Sources, élémens, perfeccions de l'écriture italienne. — La Caligraphie, ou Belle écriture de la lettre grecque. *S. l. (Paris)*, 1599, 3 parties en 1 vol. in-4 obl., vél. bl.

Frontispice gravé et 87 planches.

126. Schreibkunst das erste Theil (und ander Theil)... durch Antonius Neudorffer. *Gedruckt zu Nurmberg durch Paulum Kauffmann, anno* 1601, 2 parties en 1 vol. in-4, demi-rel. veau.

Frontispice gravé et 108 planches contenant un grand nombre de lettres ornées et de chiffres entrelacés. Un certain nombre de planches sont entourées d'encadrements variés.

127. Les Rares Escritures financières et italiennes bastardes nouvellement à la mode, avec un abrégé contenant des instructions très faciles pour apprendre à bien et diligemment escrire. Escrites et gravées par L. Senault. *A Paris, chez F. Poilly, s. d.*, in-fol., vél. bl.

Titre et 44 planches.

5. ARCHITECTURE

A. Introduction. — Généralités.

128. Moniteur des Architectes, revue de l'art ancien et moderne. *Paris, A. Lévy*, 1867-1881, 14 années, in-4, en livraisons.

> Il manque, 1873 : octobre, novembre et décembre; 1874 : mars.
> L'année 1873 est très incomplète.

129. Raison d'architecture antique extraicte de Victruve, et aultres anciens architecteurs, nouvellement traduit despaignol en françoys. *Paris, imprimé par Simon de Colines*, 1539, in-4, fig., demi-rel. mar. rouge.

> Nombreuses planches gravées sur bois.

130. Traité de l'architecture suivant Vitruve, le tout représenté en cinquante grandes planches, et mis en lumière par Pierre Daret. *A Paris, chez Pierre Daret*, 1648, in-fol., fig., veau marb., fil.

131. Architectura von den fünf Säulen und aller darauss folgender Kunstarbeit von Fenstern, Caminen, Thürgeusten, Portalen, Bronnen, und Epitaphien... *Nürnberg, Balth. Caymor*, 1598, in-fol., mar. vert, fil., dent. intér., tr. dor. (*Champs.*)

> Très bel exemplaire de l'édition originale de ce beau livre rare et recherché, composé de 209 feuillets.

132. Regola delli cinque ordini d'architettura di M. Iacomo Barozzio da Vignola. *S. l. n. d. (Roma)*, titre gravé, portrait et 36 planches. — Alcune opere d'architettura di Iacomo Barozzio da Vignola raccolte e poste in luce da Francesco Villamena l'anno 1617. *Roma*, titre gravé et 10 planches, — Ensemble 2 parties en 1 vol. in-fol., vél. bl., fil., tr. dor.

133. I Quattro libri dell'Architettura di Andrea Palladio, ne' quali, dopo un breve trattato de' cinque ordini, et di quelli avertimenti, che sono piu necessarii nel fabricare, si tratta delle case private, delle vie, dei ponti, delle piazze,

dei xisti, o dei tempii. *In Venetia, appresso Dom. de Fran-
ceschi*, 1570, in-fol., fig., vél. bl., tr. dor. (*Thompson.*)
Très bel exemplaire de l'édition originale.

134. **Les Quatre Livres** de l'architecture d'André Palladio,
mis en françois dans lesquels, après un petit traitté des
cinq ordres, avec quelques-unes des plus nécessaires observations pour bien bastir, il parle de la construction des
maisons particulières, des grands chemins, des ponts, des
places publiques, des basiliques et des temples. *A Paris, de
l'imprimerie d'Edme Martin*, 1650, in-fol., fig., v. fau.

135. **L'Architettura** di Pietro Cataneo Senese. *In Venetia*,
1567, in-fol., fig., veau fauve, coins et milieu à feuillages
dorés, tr. dor. (*Rel. du XVIe siècle.*)

166. **L'Architettura** di Pietro Cataneo Senese. I quattro
primi libri; sono aggiunti il quinto, sesto, settimo e ottavo
libri. *In Venetia, Aldo*, 1567. — Serlio il settimo libro
d'architettura. *Francofurti ad Mœnum, ex officina Andreæ
Wecheli*, 1575, 2 part. en 1 vol. in-fol. demi-rel. bas.

137. **Alberti** (Leonis-Bapt.) de Re ædificatoria. *Florentiae,
impressum opera Nic.-Laurentii Alamanni*, 1585, in-4, demi-
rel. v. fau.

B. Recueil de planches d'architecture.

138. **Les Ruines** de Pæstum, ou Posidonia, ancienne ville de
la Grande-Grèce, levées, mesurées et dessinées sur les
lieux, par C. Delagardette. *Paris, Barbou, an VII*, 13 pl.
in-fol., demi-rel. mar. rouge.

    Curieux exemplaire donné en prix au citoyen Hippolyte Le Bas, et
portant sur le titre les signatures de Legrand, Soufflot, Delagardette,
Vaudoyer, Thibault, Callet, Baltard, Durand, etc.

139. **Recueil** de chapiteaux, bases, colonnes et frises, gravées à Rome en 1537. In-fol., vél. bl.

    Les 32 planches dont ce recueil se compose ont été gravées pour
une partie par Prévost, et pour l'autre par le maître dit à la Chausse-
Trape ou monogramme A. G.

140. LIVRE D'ARCHITECTURE DE JAQUES ANDROUET DU CERCEAU, contenant les plans et dessaings de cinquante bastimens tous differens pour instruire ceux qui desirent bastir soyent de petit, moyen ou grand estat. A *Paris, chez Jean Berjon,* 1611, 50 planches grav. — Livre d'architecture de Jaques Androuet Du Cerceau, auquel sont contenues diverses ordonnances de plans et élévations de bastiments pour seigneurs et autres qui voudront bastir aux champs. A *Paris, pour J. Androuet du Cerceau,* 1582, 51 planches gravées. — Ensemble 2 parties en 1 vol. in-fol., vél. bl.

111. SECOND LIVRE D'ARCHITECTURE, par Jacques Androuet du Cerceau, contenant plusieurs et diverses ordonnances de cheminées, lucarnes, portes, fonteines, puits et pavillons avec les desseins de dix sépultures toutes différentes. A *Paris, de l'imprimerie d'André Wechel,* 1561, 66 planches. — Androuetii du Cerceau, De Architectura opus quo descriptæ sunt quinquaginta planæ dissimilium iconographiæ. *Lutetiæ Parisiorum,* 1559, 50 planches. — Ensemble 2 parties en 1 vol. in-folio, veau fauve, milieu et coins dorés, tr. dor. (*Rel. du XVI* siècle.)

Superbe exemplaire en grand pap. réglé, provenant de la bibliothèque Sunderland. Très belles épreuves.

142. LE PREMIER (ET LE SECOND) VOLUME des plus excellens bastiments de France, auquel sont designez les plans de quinze (trente) bastiments et de leur contenu, ensemble les elevations et singularitez d'un chacun, par Jacques Androuet Ducerceau. A *Paris, pour ledit J. Androuet Ducerceau,* 1576-1579, 2 tomes, en 1 vol. in-folio, vél. bl.

Édition originale de cet important ouvrage. Très belles épreuves des 125 planches dont il se compose.

143. Livre des édifices antiques romains, contenant les ordonnances et desseings des plus signalez bastiments qui se trouvoient à Rome du temps qu'elle estoit en sa plus grande fleur, par Jacques Androuet Du Cerceau. S. l., 1584, in-fol., bas.

48 planches, belles épreuves.

144. **Architectura** oder, etc. (Architecture de Vredmann de Vriese, traduite de l'allemand par Kemp. *Anvers*, 1577, in-4, fol., fig., vélin.

> Bel exemplaire de l'édition originale, contenant un titre gravé et 71 planches, premières épreuves.

145. **Trattato** delle piante et immagini de sacri edefizi di Terra Sancta disegnate in Jerusalemme dal R. P. F. Bernardino. *In Firenza, appresso Pietro Cecconcelli*, 1619, in-4, front. et 47 pl. gr. par J. Callot, v. br.

146. **Recueil** d'estampes in-8 et in-4 en feuilles. 13 pièces comprenant vases dess. par Polydore de Caravage. 9 pièces étui à peigne, coffre à racine, projet de toilette dess. et gr. par Forty, 3 pièces, etc.

147. **Recueil** des œuvres du sieur Cottart, architecte. *S. l. n. d.* (vers 1670), in-fol., veau marb.

> Titre gravé et 18 planches, la plupart remontées.

148. **Marot** (Jean), L'Architecture françoise, ou Recueil des plans, élévations, coupes et profils des églises, palais, hôtels et maisons particulières de Paris et des châteaux et maisons de campagne ou de plaisance des environs, etc. *S. l. n. d.*, in-fol., bas. marb.

> Recueil de 174 planches gravées par *Mariette*.

149. **Magnifique** (le) Chasteau de Richelieu, en général et en particulier, ou les plans, les élévations et profils généraux et particuliers dudit chasteau et de ses avenues, basses-courts, cours, corps de logis, aisles, galleries, escuries, manèges, jardins, bois, parc, etc., gravé et réduit au petit-pied par Jean Marot. *S. l. n. d.*, in-4 oblong, cart., non rogné.

> 18 planches.

150. **Parallèle** de plans des plus belles salles de spectacles d'Italie et de France, avec des détails de machines théâtrales, 48 pl. — Vases et fontaines, 10 pl. — Églises, 17 pl. — Diverses compositions, 9 pl., par le sieur Dumont. *Paris, s. d.* — Ensemble 84 planches en 1 vol. gr. in-fol., demi-rel. bas.

151. Mariette. Architecture françoise, ou Recueil des plans, élévations, coupes et profils des églises, palais, hôtels et maisons particulières de Paris et des chasteaux et maisons de campagne des environs, bâtis nouvellement par les plus habiles architectes et levés et mesurés exactement sur les lieux. *Paris, J. Mariette,* 1727, 2 vol. in-fol., v. fau.

353 planches gravées en partie par Mariette.

152. Mariette. Architecture françoise, ou Recueil des plans, élévations, coupes et profils des églises, palais, hôtels, maisons, etc. *Paris, J. Mariette,* 1727, in-fol.

161 planches, dont 36 d'ornements et intérieurs.

153. Œuvres d'architecture d'Anthoine Le Pautre, architecte ordinaire du roy. *A Paris, chez Jombert, s. d.,* 2 parties en 1 vol. in-folio, fig., veau brun.

60 planches.

154. Œuvres d'architecture d'Anthoine Le Pautre. *Paris, Jombert, s. d.,* in-fol., br.

60 planches.

155. De la distribution des maisons de plaisance et de la décoration des édifices en général, par Jac.-Fr. Blondel. *Paris, Ch. Jombert,* 1737, 2 vol. in-4, fig., v. marb.

Bel exemplaire.

156. Le Pautre. Frises, feuillages, vases, alcôves, lambris, etc. *Paris, Mariette et Langlois, s. d.*

Recueil de 54 planches en feuilles.

157. Le Pautre. Vues, grottes, fontaines de jardins, trophées d'armes, montants de trophées d'armes, etc. *Paris, Mariette, s. d.*

Recueil de 18 planches en feuilles.

158. Le Pautre. Cheminées à l'italienne, cheminées à la moderne, cheminées à la romaine, lambris à la françoise, etc. *Paris, Langlois, s. d.*

Recueil de 24 planches en feuilles.

159. **Le Pautre.** Vases à la moderne, fontaines et cuvettes. *Paris, Mariette, s. d.*

Recueil de 12 planches en feuilles.

160. **Le Pautre.** Grotesques et moresques à la moderne, frises, feuillages et ornements, rinceaux, etc. *Paris, Mariette, s. d.*

17 planches en feuilles.

161. **Le Pautre.** Sépultures, épitaphes, alcôves, inventions pour faire des bénitiers, etc. *Paris, Mariette, s. d.*

Recueil de 27 planches en feuilles.

162. **Le Pautre.** Nouveaux Dessins d'autels à la romaine, alcôves, etc. *Paris, Mariette, s. d.*

Recueil de 22 planches en feuilles.

163. **Le Pautre.** Portails d'églises, portes de chœur, retables d'autels, tabernacles, bénitiers, bordures, plafonds, grotesques, moresques, panneaux, serrurerie, etc. *Paris, Mariette, s. d.*, pet. in-fol., veau brun.

Recueil de 133 planches d'ornements. Belles épreuves.

164. **Nouveau Livre de desseins,** inventé et dessiné par Jean Tijou, contenant plusieurs sortes d'ouvrages de fer, comme portes, balcons, rampes d'escaliers, etc. *Londres, chez l'auteur,* 1693, in-4 obl., demi-rel. mar. brun.

Titre et 15 planches gr. par Van der Banck et Van den Gucht.

165. **Piranesi** (Giambattista). Opere varie di architettura prospettiva, groteschi, antichità raccolte da Giovanni Bouchard. *In Roma,* 1750, gr. in-fol., demi-rel. bas.

Recueil de 83 planches d'architecture et d'ornements.

166. **Recueil** des plans, coupes et élévations du nouvel hôtel de ville de Rouen, par Math. Le Carpentier. *Paris, Ch. Jombert,* 1758, in-fol., 6 pl., br.

167. **Peyre** (Marie-Joseph). Œuvres d'architecture avec le supplément. *Paris, Prault,* 1765-1795, in-fol., cart.

30 planches.

168. Huet. Œuvres de différens genres, dessinées par Huet et gravées par Demarteau. *Paris, l'Auteur, s. d.* (1778-1783), 2 vol. in-fol., demi-rel. bas.

> Recueil de 110 planches représentant des frises, meubles, tentures, décorations, ornements, principes de dessin, proportions du corps humain, etc.

169. Boucher fils (François). Livre de meubles, gaines, bibliothèques, croisées, niches, plafonds, consoles, balcons, etc. *Paris, s. d.,* in-fol. en feuilles.

> Recueil de 125 planches.

170. Delafosse, Boucher fils et Le Doux. Architecture et ornements, in-fol. obl., demi-rel., vél. bl.

> Recueil de 59 planches, représentant monuments, plafond, cheminées, rosaces, vases, fontaines, tombeaux, pendules, feux, tables, gaines, guéridons, etc., etc.

171. Delafosse. Trophées, attributs d'église, de guerre, de chasse, de pêche, de musique, d'amour des arts, cartels et écussons, etc., 55 pièces en feuilles.

172. Vases, autels, chaires à prêcher, intérieurs d'appartements, autels, flambeaux, chandeliers, in-fol. en feuilles.

> Recueil de 65 planches dess. par Duplessis fils, Haberman, Voisin de Saint-G***, Delafosse, Jacque, etc.

173. Nouveau Livre des cinq ordres d'architecture, par Jacques Barozzio Vignole, enrichi de différents cartels et morceaux d'architecture, portails, fontaines, baldaquins, etc. *Paris, Daumont, s. d.,* in-fol., v. marb.

> A cet exemplaire on a ajouté 72 planches, de Deneufforge.
> Au chiffre de MARIE-CAROLINE, DUCHESSE DE BERRY.

174. Recueil d'architecture, représentant, en 34 planches, palais, châteaux, hôtels, maisons de plaisance, maisons bourgeoises, églises paroissiales, etc., exécutées tant en France qu'en Allemagne, sur les dessins de P.-M. d'Ixnard. *Strasbourg, Treuttel,* 1791, gr. in-fol., pl., br.

175. Recueil de 58 planches d'architecture. *S. l. n. d.,* gr. in-fol., v. marb.

> Ce recueil contient : Basilique de Saint-Pierre-de-Rome. — Église

de Saint-Pierre-de-Rome. — Église de Saint-Jean-de-Latran, de
Sainte-Marie-Majeure. — Colonnes Trajane et Antonine. — Château
Saint-Ange. — Plan de Rome, de Nolli. — Théâtre de Lyon. — Façade de l'Hôtel-Dieu, de Lyon. — Palais archiépiscopal de Bour-
ges, etc., etc,

176. Dumont. Détails des plus intéressantes parties d'architecture de la basilique de Saint-Pierre-de-Rome. Parallèle
de grands entablements et de charpentes à l'italienne.
Sacristie et trésor de l'église de Notre-Dame-de-Paris, par
Soufflot. Feux d'artifice, etc. 132 planches en 1 vol. gr.
in-fol., demi-rel. bas.

177. Recueil de diverses fantaisies. *S. l. n. d.*, gr. in-fol.,
vél. bl.

19 planches, 35 sujets, gr. par C. L. B., belles épreuves.

178. Vases composés par Petitot. *Paris, Basan*, in-4, cart.
Titre et 8 planches.

179. Grands Prix d'architecture, projets couronnés par
l'Académie royale des beaux-arts de France, de 1804 à
1815, gravés et publiés par L. Vaudoyer et P. Baltard. *Paris*, 1818, 150 pl. in-fol., demi-rel. bas., non rog.

C. Emblèmes. — Cartouches. — Ornements divers.

180. Pantius (G.-H.). Chiffres ornés, écussons, emblèmes,
titre gravé et 28 planches en feuilles.

181. Recueil d'emblèmes, devises, médailles et figures hié-
roglyphiques au nombre de plus de douze cents, avec leurs
explications, accompagné de plus de deux mille chiffres,
couronnez, simples, doubles et triples, etc., par le sieur
Verrien. *A Paris, chez Jean Jombert*, 1696, in-8, demi-rel.,
vél. bl.

182. Dictionnaire de chiffres et de lettres ornées à l'usage
de tous les artistes, contenant les vingt-quatre lettres de l'al-
phabet, combinées de manière à rencontrer tous les noms
et surnoms entrelacés par Pouget fils. *A Paris, chez Tillard*,
1767, in-4, cuir de Russie, tr. jasp.

Manque 8 planches.

183. **A Book** of ornaments usefull to all artists, Sim. Gribe-lin inv. et sculpsit, 1700, pet. in-fol., vél. bl.

Titre et 11 planches d'ornements de bijouterie, cachets, boîtes de montre, colliers, etc., très finement gravés.

184. **Recueil** nouveau de differens cartouches inventez par le S⁺ de La Joue. Premier, second et troisième livre. Livre de cartouches de guerre. Livre de buffets. *A Paris, chez Huquier, s. d.,* 48 pièces en 1 vol. in-folio, veau marb.

185. **Peyrotte.** Seconde Partie de diverses ornemens gr. par Huquier. *Paris, Huquier, s. d.,* in-fol., 6 pièces en feuilles.

186. **Rabel et Lepautre.** Recueil de 50 planches, cartou-ches, portails d'église, autels, etc., en feuilles.

187. **Livre** de trophées des arts et sciences dans un nouveau goût, inventés et dessinés par Ranson. *A Paris, chez Mon-dhare, s. d.,* in-fol., demi-rel. bas.

Titre et 11 planches.

188. **Ranson.** Nouveau Recueil de jolis trophées, cartouches, fleurs et fruits, utile aux artistes de tous genres, gravé par Berthault. *A Paris, chez Mondhare, s. d.,* in-fol., cart.

Titre et 17 planches.

189. **Ranson.** Nouveau Recueil de jolis trophées, cartouches, fleurs et fruits, utile aux artistes de tous genres, gravé par Berthault. *A Paris, chez Mondhare, s. d.,* in-fol., vél. bl.

Titre et 12 planches.

190. **Livre** nouveau de cartouches, inventé par B. Toro. *Paris, de Poilly, s. d.,* titre gravé et 5 pièces in-fol., en feuilles.

191. **Livre** de diverses pensées allégoriques pour les sujets, meslez de figures et d'ornement, inventé et dessiné par le sieur Fouquet, gravé par Mˡˡᵉ Renard Du Bos. *A Paris, chez Du Change, s. d.,* 7 pl. in-fol., br.

192. **Sixième livre** de leçon d'ornement dans le goût du crayon, dessiné par Girard. *Paris, Demarteau, s. d.,* 6 pl. in-fol., br.

VI. ARTS DIVERS

ORFÈVRERIE. — ART CULINAIRE. — EXERCICES
GYMNASTIQUES. — CHASSE

193. **Joh. Heiglen.** Recueil de 8 planches, service d'argenterie, publ. par Baumgartner. In-fol., en feuilles.

194. **Soixante planches** d'orfèvrerie de la collection de
Paul Eudel, pour faire suite aux Éléments d'orfèvrerie,
composés par Pierre Germain. *Paris, Quantin,* 1884, in-4,
broché.

195. **Catalogue** de l'argenterie ancienne apparten¡ut à
M. Paul Eudel. *Paris,* 1884, gr. in-8, broché.

    Bel exemplaire auquel on a ajouté un album de 10 planches tirées
hors texte, et la liste des prix d'adjudication.

196. **Les classiques** de la table, petite bibliothèque des
écrits les plus distingués sur la gastronomie, ornés de
portraits, vignettes, eaux-fortes, lithographies d'après
MM. Paul Delaroche, Ary Scheffer, Alfred et Tony Johannot, Isabey, Gavarni, Charlet, Eugène Lamy, Roque-
plan, etc. *Paris, s. d.,* 2 tomes en 1 vol. in-8, fig., demi-
rel. bas.

197. **Trois dialogues** de l'exercice de sauter et voltiger en
l'air avec les figures qui servent à la parfaicte demonstra-
tion et intelligence dudict art, par le S. Archange Tuccaro.
A Paris, chez Claude de Monstr'œil, 1599, in-4, fig., veau
fauve.

198. **Venationis** cervinae, capreolinae, aprugnae et lupinae
Leges; autore Jac. Savary. *Cadomi, apud Joannem Cavelier,*
1659, in-4, bas. rouge, semis de fleurs de lis, tr. dor.

BELLES-LETTRES

I. LINGUISTIQUE

199. In M. Terentii Varronis libros de lingua latina qui supersunt, Adriani Turnebi commentarii et Antonii Augustini emendationes. — Petri Victorii explicationes suarum in Varronem castigationum. *S. l. n. d. (Lut. Par.,* 1566), in-8, v. fauve, milieu doré. *(Rel. du XVIe siècle.)*

2

200. Hadrianus Cardinalis, de sermone latino et modis latino loquendi, ejusdem venatio ad Ascanium cardinalém. *Coloniae Agrippinae, apud Joannem Gymnicum*, 1587. — Phrases linguae latinae ratióque observandorum eorum in auctoribus legendis dialogus, doctissimo Anth. Schoro auctore. *Lipsiae, ex officina Abr. Lambergi*, 1592, 2 parties en 1 vol., in-8, vélin doré, tr. dor. et ciselée.

3

Armoiries sur le plat du volume.

201. Le Maître Italien, contenant tout ce qui est nécessaire pour apprendre facilement et en peu de temps la langue italienne, par le sieur de Veneroni. *A Paris, chez Étienne Loison*, 1681, in-12, mar. rouge, fil., tr. dor.

10

Aux armes du Dauphin.

II. RHÉTORIQUE

202. M. Fabii Quintiliani oratoris eloquentissimi, de institutione oratoria libri XII. *Parisiis, apud Audoënum Paruum*, 1549, in-folio, veau brun, fil., fers à froid. *(Rel. du XVIe siècle.)*

203. Constantini Lascaris Byzantini de octo partibus orationis liber I, etc., gr. et lat. *S. l. n. d. (Florentiæ, typis Bern. Juntæ)*, in-4, veau brun, fil., fers à froid. (*Rel. du XVI° siècle.*)

204. Parabolæ, sive similia D. Erasmi Roterodami postremum ab autore recognita, cum accessione nonnulla, adjectis aliquot vocularum obscurarum interpretationibus. *Parisiis, apud Simonem Colinæum,* 1529. — Epitome Fabii Quintiliani nuper summo et ingenio et diligentia collecta quicquid est rhetoricæ institutionis apud ipsum authorem, Jona Philologo authore. *Parisiis, apud Simonem Colinæum,* 1536. — De formando studio Rod. Agricolæ Erasmi-Roterodami et Phil. Melanchtonis rationes cum locorum quorumdam indice. *Parisiis, apud Fran. Gryphium,* 1531, 3 parties en 1 vol. in-8, v. brun, fil. (*Rel. du XVI° siècle.*)

205. Paradoxes, ce sont propos contre la commune opinion, debatuz en forme de declamations forèses: pour exerciter les jeunes esprits en causes difficiles. *A Paris, par Charles Estienne,* 1554, pet. in-8, caractères italiques, veau fauve, fil.

206. Demosthenis oratoris Atheniensis olynthiacæ orationes tres, analysi dialectica, rhetorica, historia, ethica et politica a Marco Beumlero. *Francofurti, apud Joannem Wechelium,* 1585. — Magni Basilii de grammatica exercitatione libellus linguæ græcæ studiosis maxime necessarius. *Lutetiæ, apud Fed. Morellum,* 1585, 2 parties en 1 vol. in-8, veau fauve.

Aux armes de J.-A. DE THOU.

207. Gnomologiæ, sive Sententiæ collectaneæ et similia, ex Demosthenis orationibus et epistolis collectæ per Joannem Locrium, etc. *Basileæ, per Ludovicum Lucium, s. d.* (1551), in-12, fil., milieu de feuillages, tr. dor. (*Reliure du XVI° siècle.*)

III. POÉSIE

1. POÈTES GRECS ET LATINS

208. Homeri poetæ clarissimi Odyssea Andrea. Divo Justi-
nopolitano interprete, ad verbum translata. *Lugduni*, 1538,
in-8, veau brun, fil., fers à froid. (*Rel. du XVI° siècle.*)

209. Pindari, Olympia, Pythia, Nemea, Isthmia, cæterorum
octo lyricorum carmina editio græco-latina. *S. l. Excudebat Paulus Stephanus*, 1600, in-12, veau fauve, coins dorés, feuillages, tr. dor. (*Rel. du XVII° siècle.*)

210. Q. Horatii Flacci carmina expurgata notis ac per-
petua interpretatione illustravit Jos. de Jouvency. *Parisiis*,
apud *S. Benard*, 1696, 3 vol. in-12, veau granit, fil.

211. P. Ovidii Nasonis, Fastorum libri VI, Tristium libri V, etc. *Antverpiæ, ex officina Christ. Plantini*, 1587,
in-12, veau fauve, fil., milieu doré. (*Rel. du XVI° siècle.*)

212. Catullus, Tibullus et Propertius elegiarum libri IIII
cum scholiis Gul. Canteri. *Antverpiæ, ex officina Christ.
Plantini*, 1569, pet. in-12, veau brun, dent., milieu doré,
dos orné.

213. Valerii Martialis epigrammaton libri omnes, cum
commentariis Math. Raderi. *Moguntiæ, Kinck*, 1627, in-fol.,
veau fauve, milieu et coins dorés, tr. dor. (*Reliure du
XVII° siècle.*)

214. Catonis disticha moralia cum scholiis Des. Erasmi Rot.
Lugduni, apud Seb. Gryphium, 1533. — Ioan. Brucherii in
septem sapientium græce apophtegmata. *Parisiis, ex officina Simonis Colinæi*, 1528, 2 parties en 1 vol. in-8, v. fau.,
fil., milieu doré. (*Rel. du XVI° siècle.*)

215. Probæ Falconiæ, fœminæ clariss., Centones de diva
Delpara lauretana. Ovidio cento ex lib. metamorph. fr. Pola
Veronensi concinnante, etc. *S. l. n. d.*, in-12, mar. noir.

II. D.   3

216. Danielis Heinsii, de contemptu mortis, libri IV. *Lug-duni Batavorum, ex officina Elzeviriana,* 1621, in-4, bas., semis de fleurs de lis, dent., tr. dor.

<blockquote>Aux armes de France.</blockquote>

2. POÈTES FRANÇAIS

217. Les Divertissements de Sceaux (par Malezieux, Genest et Chaulieu). *A Trévoux et Paris, chez Étienne Ganeau,* 1712, in-12, v. mar.

218. La Pucelle d'Orléans, poème héroï-comique (par Voltaire), en dix-huit chants. *A Amsterdam,* 1757, in-12, veau fauve, fil., gardes de pap. doré, tr. dor.

219. Les Quatre Heures de la toilette des dames, poème érotique en quatre chants, par M. de Favre. *A Paris, chez J.-Fr. Bastien,* 1779, in-8, fig., veau marb.

<blockquote>Frontispice, 1 vignette, 4 figures et 4 culs-de-lampe dessinés par *Leclerc,* gravés par *Am ivel, Halbou, Legrand, Leroy* et *Patas.*</blockquote>

220. Les A-Propos de société, ou Chansons de M. L. (Laujon). — Les A-Propos de la folie, ou Chansons grotesques, grivoises et annonces de parades. *S. l. (Paris),* 1776, 3 vol. in-8, 3 front., 3 figures, 3 vignettes et 3 culs-de-lampe dessinés par *Moreau,* gravés par *De Launay, Simonet, Duclos* et *Martini,* veau marb.

3. POÈTES ITALIENS

221. Il Petrarcha, sonetti et canzoni di messer Francesco Petrarcha, in vita di madonna Laura. (A la fin :) *P. Alex. Pag. Benacenses, F. Bena. V. V.* veau brun, fers à froid. (*Rel. du XVIe siècle.*)

<blockquote>Sur les plats, le buste couronné de Pétrarque.</blockquote>

222. Il Petrarca, corretto da M. Lodovico Dolce, et alla sua integrità ridotto. *In Vinegia, per Domenico Giglio,* 1553, in-12, veau marb.

223. **Roland furieux**, composé premièrement en ryme thuscane par messire Loys Arioste, noble homme Ferraroys, et maintenant traduict en prose françoyse. *A Paris, pour Estienne Groulleau,* 1555, in-8, fig. sur bois, v. br.

 Traduction attribuée à Jean Des Gouttes.

224. **Stanze** di diversi illust. poeti di nuovo ristampate con l'aggiunta d'alcune stanze non piu vedute; raccolte da M. Lodovico Dolce. *In Vinegia, appresso Gabriel Giolito de' Ferrari,* 1558, in-12, veau fauve, dent., milieu doré, tr. ciselée et dorée.

225. **Opere poetiche** del M. illustre Sig. Cavalier Battista Guarini. *In Venetia, appresso N. Misserini,* 1621, in-16, mar. rouge, dent. et milieu, dorure à petits fers, tr. dor.

IV. POÉSIE DRAMATIQUE

226. **L. Annæi** Senecæ Cordubensis poetæ gravissimi Tragœdiæ decem. *Antverpiæ, ex officina Christ. Plantini,* 1576, in-4, mar. brun, fil., tr. dor. (*Rel. anc.*)

 Exemplaire réglé.

227. **Le Jeu** du Prince des Sotz et Mere Sotte; joué aux halles de Paris, le Mardy-Gras; l'an mil cinq cents et unze S. l. n. d., in-12, veau marb.

 Réimpression de la fin du xviiiᵉ siècle.

228. **Le Théâtre** de P. Corneille, reveu et corrigé par l'autheur. *A Rouen, et se vend à Paris, chez Th. Jolly,* 1664-1666, 4 vol. — Poëmes dramatiques de T. Corneille. *A Rouen, et se vendent à Paris, chez Guil. de Luyne,* 1668-1666, 3 vol. Ensemble 7 tomes en 6 vol. in-8, front. et fig., v. marb.

 Un des rares exemplaires contenant les figures dans la 1ᵉ partie des œuvres de P. Corneille, et, dans la 3ᵉ, des poëmes de Th. Corneille.

36 BELLES-LETTRES.

229. Le Théâtre de P. Corneille, revcu et corrigé par l'Autheur. *Paris, Guill. de Luyne,* 1682, 4 vol. in-12, portr. et front. gr. — Poèmes dramatiques de Th. Corneille. *Paris, Guill. de Luyne,* 1682, 5 vol. in-12. Ensemble 9 vol. in-12, reliés.

Dernière édition, publiée par P. Corneille et donnant le texte définitif adopté par lui. Tous les volumes possèdent leur frontispice gravé, sauf les tomes IV et V de Th. Corneille.

230. Œuvres de Molière, nouvelle édition revue sur les plus anciennes impressions, et augmentée des variantes, de notices, de notes, d'un lexique des mots et locutions remarquables, etc., par M. Eugène Despois. *Paris, Hachette,* 1875-1883, tomes II à VIII, 7 vol. in-8, br.

231. Les Œuvres de Molière, inventées et dessinées par F. Boucher et gravées par Laurens Cars. Portrait de Molière dessiné par Coypel et gravé par Lépicié, et 33 fig. gr. in-4, veau marb., dent. et milieu dor., tr. jaspée.

Superbe exemplaire de cette suite en premières épreuves tirées sur grand et très fort papier de Hollande.

232. Thésée, tragédie-poème de Quinault, musique de Lully, représentée le 11 janvier 1675. A *Paris, chez De Lormel,* 1765, in-4, mar. rouge, fil., dent. doub. de tabis, dos fleurdelisé, tr. dor.

Aux armes de Madame Adélaïde, fille de Louis XV.

233. Les Fêtes Grecques et Romaines, ballet héroïque, poème de Fuselier, musique de Blamont. A *Paris, chez De Lormel,* 1762, in-4, mar. rouge, fil., dent. doub. de tabis, dos fleurdelisé, tr. dor.

Aux armes de Madame Adélaïde, fille de Louis XV.

234. Polixène, tragédie-poème de Joliveau, musique de Dauvergne. A *Paris, chez De Lormel,* 1763, in-4, mar. rouge, fil., dent., doub. de tabis, dos fleurdelisé, tr. dor.

Aux armes de Madame Adélaïde, fille de Louis XV.

235. Histoire du théâtre italien, depuis la décadence de la comédie latine ; avec un catalogue des tragédies et comédies italiennes imprimées depuis l'an 1500 jusqu'à l'an 1660, et une dissertation sur la tragédie moderne, par Louis Riccoboni. *A Paris, chez H.-D. Chaubert, s. d.*, in-8, fig. veau brun.

Titre et 17 figures des personnages de la comédie italienne, gravés par Joullain.

236. **La Fidalma**, regia pastorale. — L'Imeneo teotragicomico pastorale del Sig. Co. Prospero Bonarelli della Rovere. *In Bologna, per Nic. Tebaldini*, 1611-1642, 2 parties en 1 vol. in-12, veau fauve.

Sur le dos et sur les plats l'hermine de Bretagne.

V. ROMANS ET CONTES

237. **Les Aventures** de Chœrée et de Callirrhoé, traduites du grec par M. Fallet. *A Amsterdam, et se trouve à Paris*, 1775, in-8, fig. br.

7 figures dessinées par Desrais.

238. **Œuvres** de maître François Rabelais, publiées sous le titre de faits et dits du géant Gargantua et de son fils Pantagruel, avec des remarques historiques et critiques de M. Le Duchat. *S. l. (Amsterdam)*, 1732, 6 tomes en 5 vol. in-8, veau fauve.

239. **Aurélie**, nouvelle héroïque. *A Paris, chez Jean Guignard*, 1670, 2 parties en 1 vol. in-12, mar. citron, compart., dor. à petits fers, mosaïque de couleurs, tr. dor. (*Rel. du XVIIe siècle.*)

240. **Les Amours** de Psyché et de Cupidon, par Monsieur de La Fontaine. *A La Haye, chez Adrien Moetjens*, 1707, in-12, veau brun.

241. **Zayde**, Histoire espagnole, par M. de Segrais, avec un traité de l'origine des romans, par M. Huet. *A Paris, par la Compagnie des Libraires associés*, 1764, 2 vol. in-12, mar. citron, fil., tr. dor. (*Rel. anc.*)

242. Histoire de Gil Blas de Santillane, par Le Sage, vignettes par Jean Gigoux. *Paris, chez Paulin*, 1835, gr. in-8, fig., demi-rel. v. vert.

243. Histoire de Manon Lescaut et du chevalier Des Grieux, par l'abbé Prévost, édition illustrée par Tony Johannot, précédée d'une notice historique par Jules Janin. *Paris, E. Bourdin, s. d.*, gr. in-8, fig., demi-rel. mar. bleu, dos et coins, tête dor., non rogné.

Exemplaire de premier tirage.

244. Contes moraux, par M. Marmontel. *A Paris, chez J. Merlin*, 1765, 3 vol. in-12, portr. dess. par Cochin et gravé par Saint-Aubin, titres gravés et 23 figures de Gravelot, veau rac.

245. Le Cabinet des antiques, scène de la vie de province, par H. de Balzac. *Paris, H. Souverain*, 1839, 2 vol. in-8, brochés.

Édition originale, avec les couvertures.

246. Le Cabinet des antiques, scène de la vie de province, par H. de Balzac. *Paris, H. Souverain*, 1839, 2 vol. in-8, demi-rel. veau fauve.

Édition originale.

247. Un grand homme de province à Paris, scène de la vie de province, par H. de Balzac. *Paris, H. Souverain*, 1839, 2 vol. in-8, br.

Édition originale, avec les couvertures.

248. Mémoires de deux jeunes mariées, par H. de Balzac. *Paris, H. Souverain*, 1843, 2 vol. in-8, demi-rel. bas.

249. Histoire de l'admirable don Quichotte de la Manche, traduite de l'espagnol de Michel de Cervantes (par Filleau de Saint-Martin). *Amsterdam, Arkstée et Merkus*, 1768, 8 vol. in-12, fig. de Folkema et Fokke, v. marb.

250. Robinson Crusoé, par Daniel de Foë, traduction de l'anglais entièrement revue et corrigée, par F. d'A. *A Paris,* *chez Crevot*, 1825, 2 vol. gr. in-8, fig., demi-rel. mar. vert, dos et coins, tête dor., non rognés.

Bel exemplaire en grand papier vélin, contenant : la suite des ligures dess. par Devéria en double état, épreuves avant la lettre sur papier chine, et eaux-fortes. Quinze figures dess. par Stothart, et onze figures dess. par Bern. Picart.

251. **Les Mille et une Nuits**, contes arabes, traduits en françois par Galland, nouvelle édition. *A Paris, chez Galliot*, 1822, 6 vol. in-8, fig., demi-rel. veau rouge, non rognés.

VI. FACÉTIES

252. **Les Heures** de récréation de M. Loys Guicciardin, gentilhomme florentin, faictes italiennes et françoises pour l'utilité de ceux qui désirent apprendre les deux langues. *A Paris, chez Matthieu Guillemot*, 1610, in-12, veau brun, fil.

Piqûres de vers.

253. **La Coterie** des anti-façonniers établie dans L. C. J. D. B. L. S. Première Relation où l'on traite de l'établissement de cette coterie (par E. Bordelon). *A Amsterdam*, 1716, in-12, veau fauve.

254. **Sermon** pour la consolation des cocus, suivi de plusieurs autres, comme celui du curé de Colignac, prononcé le jour des Rois; celui du R. P. Zorobabel, capucin, prononcé le jour de la Magdelaine. *A Amboise, chez Jean Coucou*, 1751, in-12, demi-rel. mar. rouge, non rogné. (*Thouvenin.*)

VII. PHILOLOGIE. — SATIRES. — DIALOGUES

255. **Francisci Vavassoris**, societ. Jesu de ludicra dictione Liber, in quo tota jocandi ratio ex veterum scriptis æstimatur. *Lutetiæ Parisiorum, apud Seb. Cramosium*, 1658, in-4, veau marb., fil.

Armoiries sur les plats.

256. Auli Gelii luculentissimi scriptoris noctes atticæ. *Lugduni, apud Seb. Gryphium*, 1539, in-8, veau brun, fil., fers à froid. (*Rel. du XVIe siècle.*)

257. Aurelii Macrobii Ambrosii Theodosii, viri consularis et illustris. In Somnium Scipionis libri II ejusdem conviviorum Saturnaliorum libri VII. *Parisiis*, 1585, in-8, veau, dent., milieu et coins dorés, tr. dor.

     Armoiries sur les plats.

258. Petri Victorii Explicationes suarum in Ciceronem castigationum. *Lugduni, apud Seb. Gryphium*, 1552, in-8, veau brun, fil. (*Rel. du XVIe siècle.*)

259. Petronii Arbitri satyricon cum notis doctorum virorum. *Lutetiæ, apud Mamertum Patissonium*, 1587, in-8, veau brun, milieu doré, dos orné.

260. Familiarium colloquiorum D. Erasmi Rot. opus, ab autore diligenter recognitum, emendatum, et locupletatum adjectis aliquot novis. *Lugduni, apud Gryphium*, 1531, in-8, veau brun, fil., fers à froid. (*Rel. du XVIe siècle.*)

261. La Ruelle mal assortie, ou Entretiens amoureux d'une dame éloquente avec un cavalier gascon plus beau de corps que d'esprit et qui a autant d'ignorance comme il a de sçavoir, par Marguerite de Valois. *A Paris, chez Aug. Aubry*, 1855, in-12, cart., non rogné.

VIII. ÉPISTOLAIRES

262. M. T. Ciceronis epistolæ ad Atticum, Brutum et Q. fratrem ex diversorum exemplarium præcipue Victorii ac Manutii collatione diligentissima castigatæ. *Lugduni, apud Seb. Gryphium*, 1548, in-12, veau fauve, fil.

     Sur les plats trois croissants entrelacés.

263. M. T. Ciceronis epistolarum libri XVI cum præfatione Joan. Sturmii, ad Erasmum Argentoratensium episcopum delectum. *Argentina, excudebat Josias Rihelius*, 1575, in-8, veau brun, milieu doré. (*Rel. du XVIe siècle.*)

264. **In epistolas** Ciceronis ad Atticum Pauli Manutii commentarius. *Venetiis, apud Aldi filios,* 1547, in-8, veau brun, fil., milieu doré. (*Rel. du XVI° siècle.*)

265. **Lettres** missives du sieur de Rangouse aux grands de l'Estat. *Paris, de l'imprimerie des nouveaux caractères de Moreau,* 1644, pet. in-8, veau brun.

Aux armes de la reine ANNE D'AUTRICHE.

266. **Lettres** de Madame de Sévigné, de sa famille et de ses amis avec portraits, vues et fac-similé. — Mémoires de M. de Coulanges, suivis de lettres inédites de Mme de Sévigné. *Paris, Blaise,* 1818-1820, 11 vol. in-8, fig., veau jasp., tr. marb.

IX. POLYGRAPHES

267. **Joannis Joviani Pontani** amorum libri II; — De amore conjugali III; — Tumulorum II, etc. *Venetiis, in ædibus Aldi,* 1518. — J. J. Pontani opera. *Venetiis, in ædibus Aldi,* 1533, 2 parties en 1 vol. in-8, mar. rouge, fil., tr. dor. (*Rel. du XVI° siècle.*)

268. **Roberti Turneri** viri doctissimi professoris in academia Ingolstadiensi, Posthuma, Orationes XVII, Tractatus VII. *Coloniæ Agrippinæ, apud Joannem Kinckhes,* 1615, in-8, veau fauve, milieu à feuillages dorés. (*Rel. du XVII° siècle.*)

269. **Les Dernières Œuvres** de M. Scarron, divisées en deux parties, contenant plusieurs lettres amoureuses et galantes, nouvelles histoires, etc. *A Paris, chez Michel David,* 1 *0,* 2 vol. in-12, veau fauve.

270. **Œuvres** de monsieur de Saint-Évremond, avec la vie de l'auteur, par M. Des Maizeaux, nouvelle édition ornée de figures et vignettes en taille-douce. *S. l. (Paris),* 1740, 10 vol. in-12, front. gravé, veau marb., fil., tr. dor.

271. **Œuvres** de M. l'abbé de Saint-Réal, nouvelle édition

augmentée. *Paris, Huart*, 1730, 5 vol. in-12, mar. rouge, fil., dos ornés, tr. dor.

Armoiries sur les plats.

272. **Œuvres** mêlées de madame de Gomez, contenant ses tragédies et différents ouvrages en vers et en prose. *A Paris, chez Guillaume Saugrain*, 1724, in-12, veau brun.

Armoiries sur les plats.

273. **Œuvres** complètes de Voltaire. *Paris, A. Sautelet*, 1827, 3 vol. in-8, br.

Édition imprimée en caractères microscopiques.

274. **Œuvres** complètes de J.-J. Rousseau, citoyen de Genève. *Paris, Sautelet*, 1826, in-8, br.

Édition imprimée en caractères microscopiques.

275. **Tutte** l'opere di M. Giulio Camillo Delminio, il catalogo delle quale s' ha nella seguente facciata nuovamente ristampata e ricorretta da Thomaso Porcacchi. *In Vinegia, appresso Gabriel Giolito de Ferrari*, 1566, 2 tomes en 1 vol. in-12, mar. rouge, fil., milieu doré. (*Rel. du XVIᵉ siècle.*)

---

276. **Polemonis Himerii** et aliorum quorumdam Declamationes, nunc primum edita (grœce). *Excudebat H. Stephanus*, 1567, in-4. — Æschylii tragœdiæ VII quæ cum omnes multo quam antea castigatiores edentur (grœce). *Ex officina H. Stephani*, 1557. — Manuelis Moschopuli de ratione examinandæ orationes libellus ex bibliotheca regia (grœce). *Lutetiæ, ex officina Rob. Stephani*, 1545, 3 parties en 1 vol. in-4, v. brun, fil., dent. et milieu fers à froid. (*Rel. du XVIᵉ siècle.*)

HISTOIRE

I. HISTOIRE UNIVERSELLE

277. Leonardi Offerhaus. Compendium historiæ universalis in quo res sacræ et profanæ inde a primium origine ad sæculum a nato Christi decimum octavum in orbe et Ecclesia gestæ ordine chronologico..... testimoniis muniuntur. *Groningæ, apud H. Spandaw.* 1751, in-8, mar. rouge, dent., coins et milieu dorés, gardes de pap. dor., tr. dor. (*Rel. anc.*)

278. Mores, leges, et ritus omnium gentium, per Joan. Boemum collecti. *S. l. (Lugduni), apud Joann. Tornæsium,* 1591, in-12, veau brun, milieu doré, dos orné. (*Rel. du XVIe siècle.*)

II. HISTOIRE ANCIENNE

279. C. Julii Cæsaris commentarii. *Parisiis, apud Amb. Girault,* 1539, in-8, veau brun, fil., fers à froid. (*Rel. du XVIe siècle.*)

280. C. Julius Cæsar, sive historiæ Cæsarùmque romanorum ex antiquis numismatibus restitutæ liber primus. Hub. Goltz auctore et sculptore. *Brugis Flandrorum,* 1562, in-fol., nomb. fig. de médailles, mar. rouge, fil., tr. dor.

    Aux armes et aux chiffres de J.-B. COLBERT.

281. Caii Suetonii Tranquilli de XII Cæsaribus libri octo. *Parisiis, apud Cl. Morellum,* 1623, in-12, veau marbr.

III. HISTOIRE DE FRANCE

1. HISTOIRE GÉNÉRALE. — HISTOIRE PAR RÈGNE

282. **Le Théâtre** géographique du royaume de France, contenant les cartes et descriptions particulières des provinces d'iceluy, recueillies et dressées par Gabriel Michel, Angevin. *A Paris, chez Jean Le Clerc,* 1632, in-fol., front. gravé, cartes, vél. bl.

> Bel exemplaire contenant Frontispice gravé par Léonard Gaultier, avec les portraits d'Henri IV, de Louis XIII, et une charmante vue de Paris; le portrait de Louis XIII à cheval, gravé par Mich. Lasne; celui d'Henri IV à cheval, gravé par J. Leclerc. — Réduction miraculeuse de Paris sous l'obéissance du roy Henri IV. — Comme le Roy alla à l'église Nostre-Dame. — Comme Sa Majesté étant à la Porte Saint-Denis voir sortir les garnisons étrangères. Trois planches gravées par J. Leclerc, belles épreuves.

283. **Nouvel Abrégé** chronologique de l'histoire de France (par le président Hénault). *Paris, Prault,* 1768, 2 vol. in-4, fig., veau écaille, fil.

> Frontispice, fleuron, portrait de la reine Marie Leczinska, gravé par Gaucher, d'après Nattier, et 30 culs-de-lampe, par Moreau.

284. **Journal** d'un bourgeois de Paris, sous le règne de François premier, 1515-1536, publié par Ludovic Lalanne. *Paris, J. Renouard,* 1854, in-8, br.

> Manque le titre.

285. **Remerciement** au Roy par Louys d'Orléans, reveu et corrigé en cette dernière édition. *A Paris, chez Regnauld Chaudière,* 1605, in-8, réglé, mar. rouge, fil., milieu et dos à feuillages, dorure à petits fers, tr. dor. (*Rel. anc.*)

> Piqûres de vers.

286. **Les Mémoires** de la royne Marguerite. *S. l. n. d.,* in-8, mar. brun.

> Armoiries sur les plats.

87. **Les Historiettes** de Tallemant des Réaux, mémoires

pour servir à l'histoire du xvii⁰ siècle, publiés sur le manu-
scrit inédit et autographe, par M. Monmerqué. *Paris, Alph.
Levavasseur*, 1834, 6 vol. in-8, demi-rel. v. rose.

288. **Histoire** de Marie-Antoinette, par E. et J. de Goncourt. *Paris, Charpentier*, 1878, gr. in-8, broché.

 L'un des 10 exemplaires tirés sur papier de Chine avec encadrements
 à chaque page, par Giacomelli, et 12 planches hors texte, reproduc-
 tions d'originaux du xviii⁰ siècle.

289. **Almanach** historique de la Révolution française pour
l'année 1792, rédigé par M. J.-P. Rabaut. *A Paris, chez
Onfroy*, 1792, in-18, fig., br.

 Frontispice et 3 charmantes figures, dessinés par Moreau le jeune.

290. **Mémorial** de Sainte-Hélène, par le comte de Las
Cases, suivi de Napoléon dans l'exil, par MM. O'Meara et
Antomarchi. *Paris, Ernest Bourdin*, 1842, 2 vol. gr. in-8,
fig. sur chine, cart., non rogné.

2. HISTOIRE DE PARIS ET DES PROVINCES DE FRANCE

291. **Histoire** et recherches des antiquités de la Ville de
Paris, par M. H. Sauval. *Paris, Ch. Moette*, 1724, 3 vol.
in-fol., v. br.

 Exemplaire en grand papier, aux armes de M. le conseiller Delpech,
 marquis de Merville.

292. **Paris** au treizième siècle, par A. Springer, traduit
librement de l'allemand, avec introduction et notes. *Paris,
Aug. Aubry*, 1860, in-12, cart., non rogné.

293. **Le Theatre** des antiquitez de Paris, ou est traicté de la
fondation des eglises, et chapelles de la cité, Université,
ville et diocèse de Paris, comme aussi de l'institution du
Parlement, fondation de l'Université et colleges, et autres
choses remarquables, par le R. P. F.-Jacques Du Breuil. *A
Paris, chez Claude de La Tour*, 1612, in-4, bas. marb. fil.

294. **Les Antiquitez** de la Ville de Paris, contenant la re-
cherche nouvelle des fondations et establissements des

églises, chapelles, monastères, hospitaux, hostels, etc., par Cl. Malingre. *A Paris, chez Pierre Rocolet*, 1710, in-fol., veau brun.

295. Les Curiositez de Paris, de Versailles, de Marly, de Vincennes, de Saint-Cloud et des environs, par L. R. (Le Rouge). *Paris, Saugrain*, 1716, in-12, fig., v. marbr.

296. Les Curiositez de Paris, de Versailles, de Marly, de Vincennes, de Saint-Cloud et des environs, avec le Nouveau Voyage de France historique et curieux, par L. R. (Le Rouge). *Paris, Saugrain*, 1738-1742, 3 vol. in-12, fig., bas. marbr.

297. Dictionnaire topographique, étymologique et historique des rues de Paris, contenant les noms anciens et nouveaux des rues, ruelles, places, passages, quais, ponts, etc., accompagné d'un plan de Paris, par J. de La Tynna. *Paris, J. de La Tynna*, 1812, in-8, bas. marbr.

298. Sejour de Paris, c'est-à-dire Instructions fideles pour les voiageurs de condition, comment ils se doivent conduire, s'ils veulent faire un bon usage de leur tems et argent durant leur sejour à Paris, par le Sʳ J.-C. Nemeitz. *A Leide, chez J, Van Abcoude*, 1727, 2 vol. in-12, fig., v. br.

299. Paris-Guide, par les principaux écrivains et artistes de la France. *Paris, A. Lacroix*, 1867, 2 vol. in-12, fig., demi-rel. mar. rouge, dos et coins, tr. dor.

Exemplaire tiré sur papier de Hollande, figures sur papier de Chine.

300. Pierres tombales de l'église métropolitaine de Paris, 49 planches gravées par Boucher, de Villiers et Le Roy, en feuilles.

301. Histoire de la Sainte-Chapelle royale du Palais, enrichie de planches par M. Sauveur-Jérôme Morand. *A Paris, chez Clousier*, 1790, in-4, fig. br.

302. Histoire de la Sainte-Chapelle du Palais, enrichie de planches par Sauveur-Jérôme Morand. *Paris, Clousier*, 1790, in-4, fil., v. fauve, tr. marb.

303. Les Lieux les plus remarquables de Paris et des environs, faicts par Israel Silvestre. *Paris, s. d.* (1649-1652), in-4 oblong, mar. rouge jans., dent. intér., tr. dor. (*Petit.*)

129 planches, vues de Paris, de Lyon, de Grenoble, etc. Belles épreuves. Quelques planches remontées.

304. Vues des principaux monuments de Paris. *Paris, Esnault, s. d.,* in-4 obl., vél. bl.

Curieux et rare recueil, comprenant 83 planches dess. par *Durand*, gr. par *Janinet* et *Chapuy*.

305. Vues de Paris, gr. par Gaitte. *Paris, l'Auteur, s. d.,* 104 vues in-4, cart.

306. Vues de Paris, gr. par Gaitte. *Paris, l'Auteur, s. d.,* 91 vues in-4 obl., demi-rel. mar. rouge.

307. Vues de Paris, gr. par Gaitte. *Paris, l'Auteur, s. d.,* 64 vues en feuilles.

308. Vues pittoresques des principaux édifices de Paris. *A Paris, chez Lamy,* 1792, in-8, mar. vert, fil., ébarbé.

Titre et 73 planches en couleurs, gr. par Janinet.

309. Chalgrain. Recueil de divers monuments de Paris. 27 planches gr. in-fol., br.

310. Description de la ville et des fauxbourgs de Paris, en 20 planches, avec un détail exact de toutes les abbaies, églises, des couvents, collèges, édifices publics, principaux palais et hôtels, dressée et gravée sous les ordres de M. d'Argenson. *Paris, J. de La Caille,* 1814, gr. in-fol., pl., v. fauve, tr. dor.

311. Vues des monuments et hôtels de Paris, dessinés par Testard, gr. par Roger, Guyot, Le Campion, etc. *Paris, s. d.,* pet. in-4, demi-rel. mar. rouge.

Recueil de 47 pièces coloriées.

312. Paris moderne, ou Choix de maisons construites dans les nouveaux quartiers de la capitale, par Normand fils. *A Paris, chez Bance,* 1837, 2 vol. in-4, fig., demi-rel. bas.

318 planches.

313. Mémoires sur les hôpitaux de Paris, par M. Tenon, imprimés par ordre du roi, avec figures. *Paris, Ph. Pierres,* 1788, in-4, fig., demi-rel. bas.

314. Dunker. Esquisses pour les artistes et amateurs des arts sur Paris, 96 figures gravées à l'eau-forte, dont l'explication se trouve dans le tableau de Paris, par Mercier. In-4, cart.

> Exemplaire incomplet de deux planches; deux autres planches se trouvent en double.

315. Nouveaux Tableaux de Paris, par Marlet. *Paris, s. d.* (1824), in-4 oblong., demi-rel. mar. rouge, dos et coins, tête dor. non rogné.

> Texte et 66 planches lith. par *Marlet.*

316. Le Recueil des inscriptions, figures, devises et masquarades, ordonnées en l'hostel de ville de Paris, le jeudi 17 de février 1558, autres inscriptions en vers héroïques latins pour les images des princes de la chrestienté, par Estienne Jodelle, parisien. *A Paris, chez André Wechel,* 1558, in-4, mar. rouge, tr. dor.

317. Éloges et discours sur la triomphante réception du roy en sa ville de Paris, après la réduction de La Rochelle (par J.-B. Machaud). *A Paris, chez P. Recolet,* 1629, in-fol., fig., veau brun.

> Bon exemplaire, contenant une figure gravée par Abr. Bosse, représentant le prévost des marchands et des échevins de la ville de Paris aux pieds du roi Louis XIII et 15 planches, arcs de triomphe, chars, etc., gravées par Melch. Tavernier et P. Firens.

318. L'Entrée triomphante de Leurs Majestés Louis XIV, roy de France et de Navarre, et Marie-Thérèse d'Austriche son espouse dans la ville de Paris au retour de la signature de la paix générale et de leur heureux mariage. *Paris, P. Le Petit,* 1662, in-fol., front. gr. et 18 planches, mar. rouge, fil., dos fleurdelisé, tr. dor.

> Aux armes du roi Louis XIV.

319. L'Entrée triomphante de Leurs Majestez Louis XIV, roy de France et de Navarre, et Marie-Thérèse d'Austriche

son épouse dans la ville de Paris, au retour de la signat re
de la paix générale et de leur heureux mariage. A Par
chez *Pierre Le Petit*, 1662, in-folio, fig., vél. bl.

Portrait de Louis XIV, gravé par *Van Schuppen* et 18 planches gravées par *J. Marot* et *Chauveau*, d'après *Lepautre*.

320. **Édits**, Déclarations, Arrests, Sentences et autres pièces
concernant les soixante jurez, experts des batimens à
Paris, tant architectes, bourgeois, qu'entrepreneurs. *Paris*,
J. Chardon, 1735, in-12, v. marb.

321. **Histoire** de l'abbaye royale de Saint-Denys en France,
contenant la vie des abbez qui l'ont gouvernée depuis
onze cens ans, les hommes illustres qu'elle a donnez à
l'Église et à l'Estat, par Dom Michel Félibien. *A Paris, chez*
Fréd. Léonard, 1706, in-fol., front. gravé, fig., veau br.

322. **Histoire** et Antiquitez du païs de Beauvaisis, avec les
anciennes remarques de la noblesse beauvaisienne et de
plusieurs familles de la France, par M. P. Louvet. *Beau-*
*vais, V*ᵉᵉ *Valet*, 1631-1640, 3 vol. pet. in-8, demi-rel. bas.

323. **Histoire** de la ville de Lyon ancienne et moderne,
avec les figures de toutes ses veues, par le R. P. Jean de
Saint-Aubin. *A Lyon, chez B. Coral*, 1666, in-fol., veau
brun.

Reliure fatiguée.

324. **Voyage** dans les départemens du midi de la France,
par Aubin-Louis Millin. *A Paris, de l'Imprimerie impériale*,
1807, 4 tomes en 5 vol. in-8 brochés et atlas in-4, demi-
rel.

325. **Discours** historial de l'antique et illustre cité de Nis-
mes en la Gaule narbonnoise, avec les portraitz des plus
antiques et insignes bastimens dudit lieu, reduitz a leur
vraye mesure et proportion, ensemble de l'antique et moderne ville, par Jean Poldo, d'Albenas. *A Lyon, par Guill.*
Roville, 1559, in-fol., fig., veau fauve, fil., tr. dor. (*Thomp-*
son.)

H. D. 4

IV. HISTOIRE D'ANGLETERRE, D'ITALIE D'ESPAGNE, ETC.

326. La Vie d'Olivier Cromwell, lord protecteur de la république d'Angleterre, d'Écosse et d'Irlande, traduite de l'anglois. *A La Haye, chez Jacob de Jongh*, 1725, 2 tomes en 1 vol. in-8, veau brun.

Aux armes du duc de Richelieu.

327. Description de Londres et de ses édifices, par J.-B. Bargaud et C.-P. Landon. *A Paris, chez Treuttel et Wurtz*, 1811, in-8, fig., cart., non rogné.

328. De Principatibus Italiæ, editio secunda priore longè auctior. *Lugd. Batavorum, ex officina Elzeviriana*, 1631, pet. in-12, mar. rouge, fil., tr. dor. (*Rel. anc.*)

329. Torelli Saraynæ Veronensis, de origine et amplitudine civitatis Veronæ ejusdem de viris illustribus, de monumentis antiquis, etc. *Veronæ, ex officina Ant. Putelleti*, 1540, in-fol., fig., mar. bleu, dent.

30 planches gravées sur bois par J. Carotto, peintre.

330. Dell' Istorie fiorentine di Scipione Ammirato Libri venti. *In Firenze, nella stamperia di Filippo Giunti*, 1600, in-fol., veau fauve, milieu à feuillage doré. (*Rel. du XVIIe siècle.*)

Sur le dos, le chiffre de Jac.-Aug. de Thou.

331. Onuphrii Panvinii Veronensis fratris Eremitæ Augustiniani romanorum principum et eorum quorum maxima in Italia imperia fuerunt Libri IIII; ejusdem de comitiis imperatoriis Liber. *Basilæ, per Henricum Petrum*, 1558, in-folio, veau fauve, fil., milieu à froid. (*Rel. du XVIe siècle.*)

332. Ritratto di Roma antica e moderna, nel quale sono effigiati Chiese, Monasterii, Collegii, Tempii, Teatri, etc., con l' explicatione istoriche di B. Marliani. *In Roma, Fr. Moneta*, 1645, 2 vol. in-12, demi-rel. bas.

Frontispice gravé et nombreuses figures.

333. Nuova raccolta delle piu belle vedute di Roma, disse-
gnate ed intagliate da celebri autori. *Roma*, 1761, in-4 obl.,
cart., non rogné.

> 18 planches gravées à l'eau-forte par Piranesi, Duflos, Le Geay et
> Bellicard.

334. Raccolta delle principali fontane dell' inclitta città di
Roma, disegnate ed intagliate da Domenico Parasacchi,
Roma, appresso Gio. Batt. de Rossi, 1637, 20 planches.
— Ager Puteolanus, sive prospectus ejusdem insigniores.
Rome, 1620, 24 planches. Ensemble 2 parties en 1 vol. in-4.
cart.

335. Fontane diverse di Roma, di Frascati e di Tivoli intagliate in aqua forte da Domenico Barriera. *Roma, G. Rossi*,
45 planches in-4, v. br.

336. Histoire de l'Inquisition d'Espagne, exposée par exemples pour estre mieux entendue en ces derniers temps
(par R. G. de Montes). *S. l.*, 1568, in-8, mar. rouge, fil., dos
orné, tr. dor.

> Aux armes du Roi.

337. Histoire de l'empereur Charles V, par don Jean Antoine de Vera et Figueroa, traduite d'espagnol en françois
par le sieur Du Perron Le Hayer. *A Bruxelles, chez François
Foppens*, 1663, 2 vol. in-12, veau marb., fil.

> Aux armes de Mme DE POMPADOUR.

338. Catalogus familiæ totius aulæ Cæsareæ per expedi-
tionem adversus inobedientes.... Anno 1517 et 1518 præ-
sentium per Nicolaum Mameranum. *Coloniæ, apud Henr.
Mameranum*, 1550, in-8, veau fauve, milieu doré, tr. ciselée
et dorée.

339. État présent d'Espagne, l'origine des grands (par le
duc de Luynes), avec un Voyage d'Angleterre (par Bou-
dreau-Deslandes). *A Villefranche, chez Étienne Le Vray*,
1717, in-12, veau br.

> Armoiries sur les plats.

340. Relation d'un voyage du chevalier de Bellerive d'Es-

pagne à Bender, et de son séjour au camp du roy de Suède.
A Paris, chez Pierre Huet, 1713, in-12, veau brun.

341. Histoire des révolutions de l'empire du Maroc, depuis
la mort du dernier empereur Muley Ismael, trad. de l'anglais. *A Amsterdam, chez Pierre Mortier*, 1731, in-12, veau
fauve.

> Aux armes de France.

V. ARCHÉOLOGIE

ANTIQUITÉS. — NUMISMATIQUE. — GLYPTIQUE

342. Georgii Agricolæ medici Libri quinque de mensuris
et ponderibus, in quibus pleraque a Budæo et Portio pa-
rum animadversa diligenter excutiantur. *Parisiis, excudebat
Christ. Wechelus*, 1533, in-8, veau fauve, dos fleurdelisé.
(*Rel. du XVI° siècle.*)

> Sur les plats, un bouquet de fleurs de lis surmonté de la couronne
> royale.

343. Antiquités nationales, ou Recueil de monumens pour
servir à l'histoire générale et particulière de l'empire françois, par A.-L. Millin. *A Paris, chez M. F. Drouhin*, 1790,
5 vol. in-fol., fig., demi-rel. veau brun.

> Exemplaire grand papier.

344. Epitome du thresor des antiquitez, c'est-à-dire Pour-
traits des vrayes médailles des empereurs, tant d'Orient
que d'Occident; de l'estude de Jaques de Strada, traduit
par Jean Louveau d'Orléans. *A Lyon, par Jaques de Strada*,
1553, in-4, fig. de médailles, vél. bl.

345. Traité des pierres gravées (avec une bibliothèque dac-
tyliographique), par P.-J. Mariette. *Paris*, 1750, 2 vol. in-4,
veau fauve, fil., tr. dor. (*Rel. anc.*)

> Bel exemplaire contenant 255 pierres gravées.

346. Suite d'estampes gravées par madame la marquise de Pompadour, d'après les pierres gravées de Guay, graveur du roy. *S. l. n. d. (Paris*, 1775), in-4, demi-rel. mar. rouge.

> Bel exemplaire, contenant, outre le titre et les soixante-neuf planches, le portrait de madame de Pompadour gravé à la manière noire d'après Boucher, et la figure pour la *Rodogune* de P. Corneille, gravée à l'eau-forte par Mme de Pompadour d'après Boucher.

VI. BLASON

347. La Nouvelle Méthode raisonnée du blason pour l'apprendre d'une manière aisée par le P. C. F. Menestrier. *A Lyon, chez Thomas Amaulry*, 1696, in-12, fig. et nomb. blasons, mar. citron, filets, tr. dor.

> Armoiries sur les plats.

348. Nouveau Livre de differens cartouches, couronnes, casques, supports et tenans, dessignez et gravez par Ch. Mavelot; ouvrage utile aux peintres, graveurs, orfèvres, brodeurs et autres. *S. l. (Paris*, 1685), pet. in-8 obl., demi-rel. bas.

> Titre gravé, dédicace et quarante-cinq planches.
> Manque le titre imprimé.

349. Nouveaux Desseins pour la pratique de l'art héraldique, de plusieurs armes des premiers de l'Estat; avec leurs chiffres fleuronnez, leurs noms et qualitez, etc... Le tout inventé, dessigné, et gravé par Mavelot. *A Paris, chez l'auteur, s. d.* (1696), in-4, titre, front. et 52 planches gravés, dérelié.

> Manque la planche VIII.

350. Stam und Wapenbuch hochs und niders Standts... durch Sigmund Feyrabend. *Gedruckt zu Franckfurt am Mayn*, 1579, in-4, cart.

> Curieux volume composé de 394 planches de costumes et armoiries, dont 89 coloriées.
> Le titre est remonté.

VII. BIOGRAPHIE

351. **Il Libro** de gli huomini illustri de Caio Plinio Cecilio ridotto in lingua volgare. *In Venetia, appresso Domenico Guerra*, 1562, in-8, mar. rouge, milieu doré à petits fers, dos orné, tr. dor.

> Riche reliure vénitienne du xvie siècle. Les plats du volume sont ornés de compartiments en creux et en relief dorés au pointillé.

352. **Monumenta** illustrium virorum et Elogia, cura ac studio Marci Zueri Boxhornii. *Amstelodami, apud Joannem Janssonium*, 1638, in-fol., fig., veau fauve.

> Armoiries. Sur le titre la signature de BALUZE.

353. **Diogenis Laertii** de vita et moribus philosophorum Libri X. *Lugduni, apud Seb. Gryphium*, 1551, in-8, veau brun, fil. (*Rel. du XVIe siècle.*)

> Sur les plats, des dauphins couronnés.

354. **Extrait** des differens ouvrages publiés sur la vie des peintres, par M. P. D. L. F. (Papillon de La Ferté). *A Paris, chez Ruault*, 1776, 2 vol. in-8, front. dessinés par Moreau, veau marb.

355. **Felsina Pittrice**, vite di pittori Bolognesi, alla maestà christianissima di Luigi XIIII, consagrata dal Cesare Malvasia. *In Bologna*, 1678, 2 vol. in-4, fig., vél. bl.

356. **Catalogue** raisonné de l'œuvre de Sébastien Le Clerc, dessinateur et graveur du cabinet du roi, par Charles-Antoine Jombert. *A Paris, chez l'auteur*, 1774, 2 vol. in-8, veau fauve, fil., tr. marb.

357. **Recueil** de notices historiques lues dans les séances publiques de l'Académie royale des beaux-arts à l'Institut, par M. Quatremère de Quincy. *Paris, A. Le Clerc*, 1834-1837, 2 vol. in-8, brochés.

358. **Compendio** delle vite de santi orefici ed argentieri, raccolto da diversi autori, da Liborio Caglieri, orefice. *In Roma, per il Bernabo*, 1727, in-4, fig., cart.

Frontispice gravé et quinze planches.

SUPPLÉMENT

---

359. **Œuvres diverses** de Victor Orsel (1795-1850), mises en lumière et présentées par Alph. Perin. *Paris*, 1852-1857, 2 tomes en 1 vol. in-fol., planches, mar. violet, tête dorée, non rogné.

360. **La Vente Hamilton.** Étude par Paul Eudel avec vingt-sept dessins hors texte. *Paris, Charpentier*, 1883, gr. in-8, broché.

L'un des cinq exemplaires tirés sur papier de Chine pour l'auteur et non mis dans le commerce.

361. **L'Hôtel Drouot** et la Curiosité en 1881, 1882 et 1883, par Paul Eudel, avec préfaces par J. Claretie, A. Silvestre et Ch. Monselet. *Paris, Charpentier*, 1882-1884, 3 vol. in-12, brochés.

362. **La Saint-Huberty,** d'après sa correspondance et ses papiers de famille, par Ed. de Goncourt. *Paris, Dentu*, 1882, in-12, broché.

Exemplaire tiré sur papier de Hollande avec le frontispice en double état.

363. **Sophie Arnould,** d'après sa correspondance et ses mémoires inédits, par Ed. et J. de Goncourt. *Paris, Dentu*, 1877, in-4, br.

Exemplaire sur papier de Chine tiré à très petit nombre.

364. Galerie de MM. Pereire, Catalogue des tableaux anciens et modernes des diverses écoles. *Paris*, 1872, in-8, broché.

Quarante-neuf planches gravées à l'eau-forte.

365. Catalogue de la précieuse collection d'autographes composant le cabinet de M. Alfred Bovet, séries 1 à 6. *Paris, Charavay*, 1884, 2 vol, in-4, brochés.

Nombreux fac-similés.

366. Real Museo Borbonico. *Napoli, dalla Stamperia Reale*, 1824-1813, 13 vol. et 5 atlas gr. in-8, demi-rel. cuir de Russie, tr. marb.

Huit cent vingt planches gravées au trait.

367. Cicognara (Leopoldo). Storia della scultura dal suo risorgimento in Italia sino al secolo di Napoleone per servire di continuazion alle opere di Winckelmann e di d'Agincourt. *Venezia, Picotti*, 1813, 18 vol. in-fol., cart., rognés.

Cent trente et une planches gravées au trait.

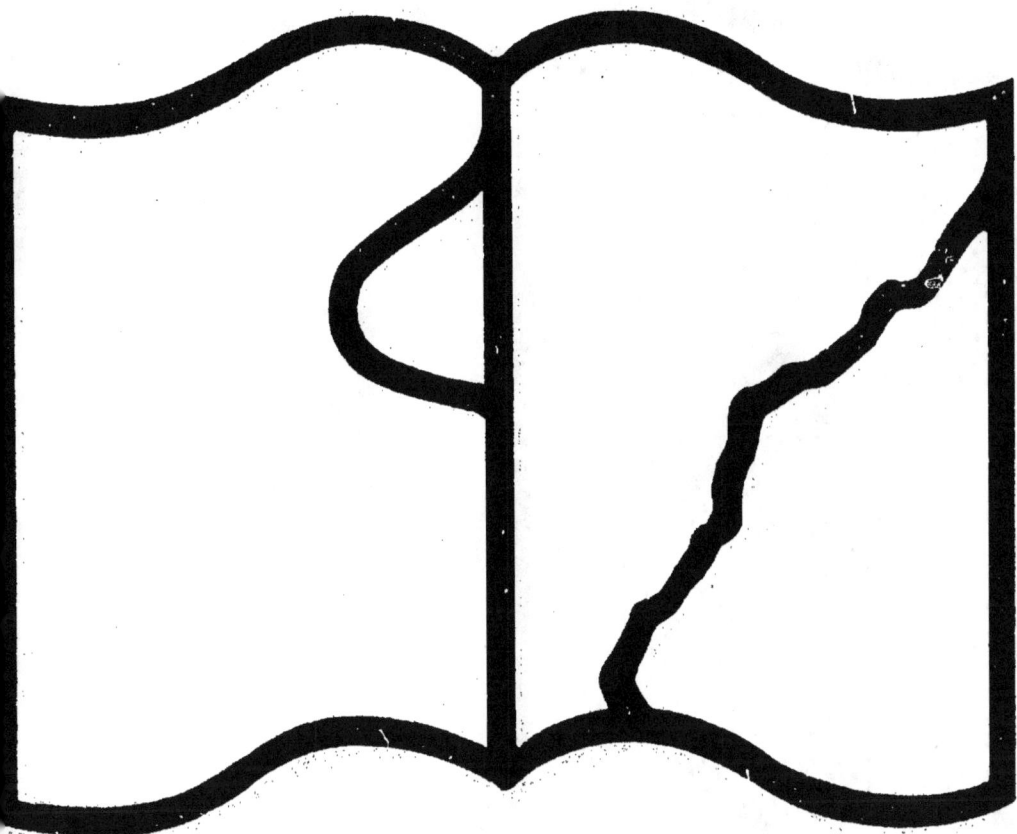

Texte détérioré — reliure défectueuse

NF Z 43-120-11

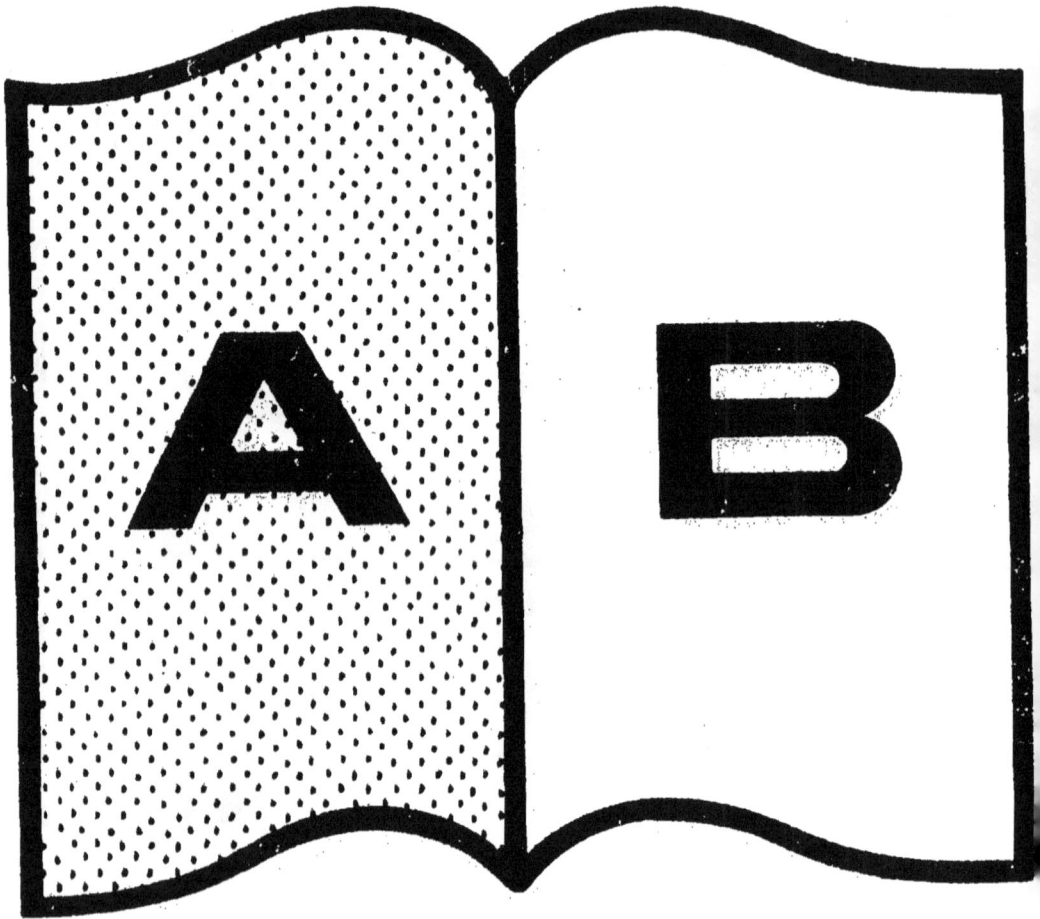

Contraste insuffisant

NF Z 43-120-14

www.ingramcontent.com/pod-product-compliance
Lightning Source LLC
Chambersburg PA
CBHW070937280326
41934CB00009B/1914